참,

많이

헤매서

다행이다.

．
．
．
．

김동길

prologue 책과 나의 정체성.	09
할아버지와 책상.	13
나는 조금 똘똘한 아이였다.	19
왜 조금 더 나를 사랑하지 못했을까.	23
참, 많이 헤매서 다행이다.	27
사과궤짝과 반딧불이.	33
살자, 너도 살고 나도 살자.	39
나를 찾아가는 길.	45
강릉과 제천을 오가는 길.	53
낭중지추.	57

화요일이 기다려지는 이유.	61
서양화 전공자의 고지식함.	67
코 끝을 자극하는 이 냄새는?	71
도대체 왜 그렇게까지 하는 거야?	77
나도 저런 어른이 되어야지.	81
백종원의 골목미술이 있다면.	87
옆집 아저씨가 예술가래~!!	93
눈이 아닌 마음을 훔쳐라.	105
1년 동안 지어진 하얀 벽돌집.	109
질보다 양인가? 양보단 질인가?	115

누군가에게는 강자일 수 있다.	121
밥 한 끼 잘 먹었습니다.	127
지키지 못한 자존감.	131
기술의 발전은 나를 기다려 주지 않는다.	139
청년미술상점.	143
살아남기 위해 필요한 것.	149
그런 로망이 있다.	155
떨어진 공모전의 심사평이 위로가 된다.	159
나는 얼마나 많은 죄를 짓고 살고 있는 것인가.	165
내가 잡을 '홀드'는 어디에 있을까?	169

나는 고지식한 사람입니다.	173
10만원의 가치.	177
겨울의 중심에서 설경을 외치다.	181
요리연구가 동쉐프.	187
남 부럽지 않게 길었던 가방끈.	191
서로 다른 시간의 무게.	197
비와 나의 상념의 시간.	201
읽기 능력의 부재.	207
내가 일본음악을 듣는 이유.	213
이 이상의 흑역사를 만들 것인가?	217

책과 나의 정체성.

prologue

이 글을 쓰고 있는 지금 시각은 2021년 11월 24일 오전 04시 10분이다.

나는 그림을 그리는 화가이다. 그림 그리는 것을 포기하지 말자는 의미로 1년에 한 번씩 개인전을 열기로 하였고 그렇게 실행하였다. 1년에 한 번이란 시간이 촉박해서 였을까 작품의 마감시간이 점점 늦어져 전시 전날까지 그림을 그리는 단계를 지나 지난번 개인전에서는 작품을 설치하고 전시장에서 완성하지 못한 그림을 마저 그렸었다.

그림 그리는 것을 계속하자는 소기의 목적은 이제 이루었다는 생각이 들어 조금 더 완성된 작품으로 관객들과 만나고 싶었다. 그래서 이번 전시는 1년이 아닌 2년의 시간을 두고 준비를 하였다. 준비 시간이 길어서 였을까 시간에 여유가 있다 생각돼 이번에는 나의 생각이 담긴 한 편의 책을 제작하기로 마음먹었다.

역시나, 나는 마감에 쫓기며 해야 할 운명을 타고난 것일까.

이미 1차 원고 마감 기한은 넘겼고 2차 원고 마감날도 이틀 앞으로 다가왔는데 아직 원고의 반도 완성하지 못하였다. 항상 쫓기듯 마지막 날까지 울면서 그림을 그렸기에 이제 그러지 않으려고 2년간 준비 시간을 두었는데 시간은 많았는데도 결국 이번에도 마찬가지로 마감에 쫓기며 울면서 글을 쓰고 있다.

나는 앞서 말했듯 그림을 그리는 화가이다. 4년제 미술대학에서 서양화를 전공하여 여섯 번의 개인전과 크고 작은 단체전들을 합쳐 10년 경력의 '화가'이다. 나에 대한 소개는 앞으로 나올 짧은 글들 속에 단편적으로 담겨 있다. '화가'라 나 자신을 말하였는데 '화가'라는 단어는 너무 거창하여 부담스럽다. 파이프를 물고 찐빵 모자를 옆으로 눌러써야만 할 것 같다. 그래서 평소에는 '작가'라 말하지 '화가'라는 단어는 거의 쓰지 않는다. 하지만 책으로 그 단어를 담으려고 하니 글을 쓰는 '작가'와 그림 그리는 '작가'가 혼동이 돼 '화가'라는 단어를 사용하였다. '화가'라는 단어보다 '작가'라는 단어가 조금 더 익숙하기에 책 안에서 나도 모르게 '작가'라는 단어가 나오기도 한다. 여러 번 고쳐 쓰며 대부분 '화가'라는 단어로 수정하였지만 문맥상 '작가'가 더 어울리는 곳에는 '작가' 혹은 '미술가'라는 단어를 그대로 사용하였다.

이 책은 그림 그리는 삶을 살고 있는 나의 생각들이 담긴 에세이 산문집이다. 가장 중심이 되는 이야기는 10년 경력의 화가로서 갖고 있는 그림에 대한 고민, 그림으로 아직 이루지 못한 것들에 대한 갈망이 주된 내용이다. 그중에는 내가 풀어낸 것도 있고 아직 풀지 못한 그리고 아직 인식하지 못한 수수께끼들이 아직 많이 있다. 내 삶을 들여다보며 그 속에서 찾은 해법들을 나의 일상과 함께 이야기로 풀어냈다. 고민의 해결에 초점을 두고 글을 쓰다 보니 실제 일어난 시간은 뒤죽박죽이나 시간의 흐름이 그 내용에 큰 지장은 주지 않기에 사건을 시간 순대로 배열하지는 않았다. 나에 대한 자세한 소개는 앞으로 나올 글들에 스포일러가 될 수 있으니 여기서는 이 정도로 마치고 넘어가겠다. 한 가지 바람이 있다면 이 책을 읽기 시작한 모든 분들이 마지막까지 재미있게 읽을 수 있는 책이 됐으면 하는 마음이다.

할아버지와 책상.

나의 외할아버지는 내가 태어나기도 전에 돌아가셔서 나는 외할아버지의 얼굴을 한 번도 실제로 뵌 적이 없다. 다만 외할아버지의 동생이신 작은 외할아버지를 보며 외할아버지의 모습을 짐작할 뿐이다.

나는 그런 작은 외할아버지를 외사촌형들을 따라 '작은할아버지'라 불렀다.

작은할아버지의 직업은 목수셨다. 예전에 대학교 다닐 때 A4 종이 보다 작은 사이즈의 캔버스 틀을 작은할아버지께서 만들어 주셨다. 기존에 판매되는 캔버스 틀 같은 좋은 목재가 아닌 저렴한 목재를 사용하여 몇십 개씩 대량으로 만들어 주셔서 작은 사이즈의 캔버스를 풍족하게 사용하며 학교를 다녔었다.

작은할아버지와는 큰 인연 없이 가끔 명절 때나 얼굴을 뵙고 인사드리는 정도였는데 한 번 작은할아버지와 함께 일할 기회가 있었다.

2014년도에 나는 나의 작업실 겸 독립출판서점인 '물고기이발관'을 오픈하였다. 당시 실내 인테리어를 직접 하겠다고 큰소리쳤었는데 그런 내가 못 미더웠는지 어머니께서 작은할아버지께 부탁드렸다. 지금 내가 아무것도 모르고 큰소리치고 있으니 작은할아버지께서 내 옆에서 이것저것 필요한 것들 좀 만들어 달라고 작은할아버지께 말씀드렸었다. 나는 처음에 괜찮다고 혼자 할 수 있다고 펄쩍 뛰었지만 결과적으로 작은할아버지가 안 계셨다면 정말 큰일 났을 뻔했다.

인테리어라는 게 생각만큼 단순한 것이 아니었다. 혼자서 진행했다면 실패는 당연하고 사고가 났을지도 모른다. 경험 많은 작은할아버지 덕분에 훨씬 더 그럴싸하게 '물고기이발관'을 꾸밀 수 있었다.

실내 인테리어를 하면서 작은할아버지는 내가 필요한 것들을 만들어 주셨는데 그때 만든 것 중에 책상이 있다.

작업실 가운데에 놓을 큰 책상이 필요하다고 작은할아버지께 말씀드렸고 작은할아버지는 나와 함께 책상 제작에 필요한 자재를 구입하여 책상을 만드셨다. 그때 나는 작은할아버지 옆에서 조수 노릇을 하며 작은할아버지와 함께 책상을 만들었다.

책상을 주로 사용할 내 키에 맞게 필요한 높이를 정하고 거기에 맞춰 목재들을 톱질하여 재단하였고 재단된 목재들에 못을 박아 뼈대를 만들었다. 완성된 뼈대 위에 상판을 올리고 다리를 붙이니 금세 책상이 완성되었다. 작업실 가운데에 놓을 수 있는 가로 길이가 2m 40cm에 달하는 정말 큰 책상이 완성되었다.

그곳에서 물고기이발관을 운영하는 동안 그 책상과 나는

정말 많은 일들이 있었다. 책상에 붙어 있는 상판을 떼어내 다른 목재로 바꿔보기도 하였고 책상의 다리를 잘라 평상으로 쓰기도 하였다. 나중에는 책상이 너무 커 3등분 하여 세 개의 책상으로 만들기도 하였다. 그 때 만든 세 개의 책상은 이사를 다니며 뿔뿔이 흩어졌지만 그중 하나는 아직도 내 작업실에서 그 역할을 톡톡히 하고 있다.

그 책상을 자유자재로 변형시킬 수 있었던 이유는 그 책상 앞에서는 자신이 있었다. 왜냐하면 이 책상을 만들 때 처음부터 함께 했기에 책상의 구조를 속속들이 알고 있었기 때문이다. 어느 부분에 본드가 발라져 있고 어느 부분이 나사로 연결되어 있는지 겉에서는 보이지 않는 책상 속의 구조를 모두 알고 있기에 책상의 구조를 마음껏 변경해 가며 사용할 수 있었다.

기성품으로 나온 책상의 경우 그 구조를 알아도 이렇게 쉽게 구조를 변경하지는 못했을 것이다. '혹시 잘 못 되면 어떻게 하지? 내가 망치는 것은 아닐까?' 이런 불안감이 생겨 손도 대지 못 하였을 것이다.

하지만 작은할아버지와 함께 만든 책상 앞에서는 일말의 불안감도 전혀 없었다. 내가 할 수 있다는 '확신'과 어떤 일이 생겨도 내가 책임질 수 있다는 '자신감'이었다.

'자신감'이 있을 때 사람은 당당해질 수 있는 것 같다.

내가 작은할아버지와 함께 만든 책상 앞에서 당당했던 것처럼 말이다.

그 당당함을 나는 아직 내 작품 앞에서 느끼지 못한다. 많은 시행착오를 겪으며 내 작품을 알아가고 있지만 그때 만든 책상처럼 속속들이 알지는 못한다.

내 작품에 대해 속속들이 알게 되어야 나도 자신감을 얻을 텐데 아직 많이 부족하다.

책상 앞에서 그랬듯 내 작품 앞에서 당당할 수 있는 사람이 되고 싶다.

나는 조금 똘똘한 아이였다.

그렇다고 반에서 1, 2등을 다투던 아이는 아니고 딱히 공부를 열심히 하지 않아도 그저 반에서 중상위권에 맴도는 그런 아이였다.

공부 안 해도 중상위권이니 공부만 하면 나는 틀림없이 반에서 1, 2등을 다툴 거라 믿으며 학교를 다녔다.

중학교 때, 학년은 아마도 2학년이었던 것 같다.

중간고사였는지 기말고사였는지 정확히 기억은 나지 않지만 시험을 보고 난 다음 성적이 나오는 시기였다.

그때도 나는 딱히 시험 공부를 열심히 하진 않았던 것 같다.

그냥 책상에 앉아 적당히 책만 뒤적거리며 딴생각을 하며 책상 앞에 몇 시간 앉아 있었던 것으로 시험공부를 했다고 위안 삼으며 시험을 봤었다.

성적은 조금 떨어진 과목도 있고 운 좋게 찍은 것이 맞아 조금 오른 과목도 있어 전 과목 평균을 내면 전처럼 중상위권은 되는 것 같았다.

지금은 성적 처리를 어떻게 하는지는 잘 모르겠지만, 그때는 과목별로 점수가 나오면 반 석차 및 전교 석차까지 바로 알 수 있게 프린트된 종이가 각 반으로 배달이 되었다.

운 좋게도 찍었던 문제가 정답이 되어 성적이 조금 좋게 나왔을 때 내 성적을 확인하고 자리로 돌아오는 길이었다. 이미 나보다 먼저 성적을 확인한 아이와 눈이 마주쳤다.

항상 교과서에 밑줄을 열심히 그으며 공부를 하지만 열심히 하는 것만큼 성적이 나오지 않는 아이였다. 그 아이는 내심 나를 라이벌로 생각했었는지 내 성적도 이미 알고 있었고 자신보다 내 성적이 높다는 것도 이미 알고 있었다.

그리고 나를 바라보는 눈빛.

그 눈빛이 아직도 잊히지가 않는다.

나를 향한 부러움, 질투 그리고 열심히 노력했는데도 나를 이길 수 없다는 자책이 담긴 눈빛이었다.

그 친구의 강렬한 눈빛에 나는 굉장히 부끄럽고 미안했다.

내가 잘못한 건 아니지만 나는 그 친구보다 성적이 잘 나왔고 그 친구보다 앞에 있었다.

그 친구가 그토록 원하던 것을 나는 아무런 노력 없이 거저 얻었다.

그 친구보다 좋은 성적으로 그 친구가 오르고자 했던 목표에 올랐다.

박탈이었다.

그 친구가 이루고자 했던 것을 아무런 노력 없이 나는 빼앗았던 것이다.

내가 책상 앞에 앉아 딴청 부리며 흘려보냈던 시간에 조금 더 집중해서 공부했었다면 그 순간 그 친구의 눈빛에 그렇게 부끄럽지는 않았을 것이다.

나는 아무런 노력 없이 한 아이의 목표를 박탈했던 것이다.

왜 조금 더 나를 사랑하지 못했을까.

인생에 있어 20대라는 시기는 너무도 찬란한 겨울 같은 시기이다.

겉으로 보이는 모든 것들이 하나같이 눈부시게 찬란하며 아름답지만 그 속은 꽁꽁 얼어붙은 겨울과 같다.

나의 20대도 그랬었다.

무엇이든 할 수 있다는 자신감에 가득 차 있었지만 실상은 무엇 하나 끈기 있게 제대로 해내지 못하고 방황하였고 나를 알아봐 주지 않는 세상을 탓하며 술로 시간을 보냈었다. 그 당시 대학교 여름방학 동안 매일 술을 마셨다. 어떤 날은 이른 아침부터 술을 마시고 점심에 잠깐 눈을 붙이고 저녁에 다시 일어나 술을 마셨다. 하루를 이틀처럼 사용하며 술을 마시고 기름진 안주들로 폭식하는 생활을 했었다. 그렇게 여름방학이 끝날 때 즈음 나는 체중이 10kg가 넘게 불어나 있었다.

어릴 적부터 통통과 뚱뚱 그 사이 즈음의 체격이라 살과 관련된 말들을 많이 들어왔다.

'살쪘네, 살 빼야 돼, 더 살찌면 안 돼' 등 다른 사람들보다는 가족들한테서 그런 말들을 가장 많이 들었다. 하기야 그런 말들을 가족들 아니고서야 누가 그리 쉽게 했으랴.

어릴 때부터 들어왔던 '살쪘다'라는 말 덕분에 살이 찐다는 것은 체중관리 못하고 먹을 것에 욕심이 많고 운동은 하지 않는 게으른 사람, 자기관리하지 않는 낙오자 또는 패배자로 인식되었다.

그렇게 10kg가 넘게 불어난 몸으로 2학기 개학을 맞아 학교에 가니 직접적으로 '살쪘다'라고 말은 안 하지만 다들 놀란 눈으로 나를 보았다. 그 시선을 맞으며 나는 속으로 '그래요, 나 살쪘어요. 나 패배자예요. 낙오자예요.'라고 스스로에게 말하며 나를 향한 시선들로부터 도망쳐 사람들이 없는 곳으로 피했었다.

그때 나에게 조금 다른 의미로 말을 해준 사람이 한 분 있었다.

'방학 동안 체격이 많이 좋아졌네'라고 말을 건네며 나에게 무슨 일 있었는지 물어왔었다. 나는 그저 내가 자기관리 못해서 살이 찐 거라 이야기했었지만 그분은 진심으로 나를 걱정하시며 '체중이 갑자기 크게 변하는 것은 건강에 안 좋은 신호 일 수도 있으니 꼭 한번 병원에 가보아라'라는 말을 하셨다.

그때의 나는 그냥 살쪘다는 한 표현이라 생각해 듣고 넘어갔었는데 시간이 한참 지난 후 생각해 보니 그분이 해주셨던 말은 정말로 내 건강을 염려해서 건넨 말이었다.

그때 만약 내가 좀 더 나를 사랑했었더라면 내가 나를 조금 더 보살필 수 있었을 텐데 술 마시고 기름진 안주들로 폭식을 해서 살이 찐 거라 생각했었는데, 내가 게으르고 자기관리하지 못해 살이 찐 거라 생각했었는데 그것이 건강이 좋지 않아 생긴 변화라고 왜 단 한 번도 생각하지 못했을까. 결국 신체적으로는 지방간이라는 진단 결과를 얻었지만 그 시기를 기점으로 건강이 많이 안 좋아진 것이 사실이다. 그리고 다른 무엇보다 그 시기의 나의 정신건강은 상당히 안 좋았던 것 같다.

그 해 여름방학을 시작으로 일 년 넘게 술을 정말 많이 마셨었다. 술을 마시기 시작했던 건 나 자신을 비관해서가 시작이었다. 뭐 하나 잘 되는 것은 없지만 그래도 술 마시는 시간 동안은 그 사실을 잊고 즐거울 수 있으니 그래서 술을 그리도 마셔댔었다.

그때, 내가 조금 더 나를 사랑할 수 있었더라면.

내가 게으른 낙오자, 패배자가 아니라 잠깐 아픈 거라고, 건강이 좋지 않아 그런 것뿐이니 더 이상 자신을 탓하지 말라고, 잠깐 쉬면서 나를 조금 더 보살피자고, 그러고 나서 다시 앞으로 가보자고 그렇게 말을 전할 수 있으면 얼마나 좋았을까.

지금이라도 늦지 않았으니 조금 더 나를 사랑하자.

참, 많이 헤매서 다행이다.

며칠 전 의대로 진학한 과학 영재의 장학금을 회수했다는 기사를 보았다. 나는 그 아이들이 얼마의 장학금을 받았고 어떤 혜택을 받았으며 어떠한 조건으로 과학고에 입학했는지 알지 못한다. 엄격한 행정절차를 거쳐 회수되었을 테니 그런 결정이 맞을 것이다.

하지만 그냥 문득 생각이 들었다. 의대에 진학했다고 하면 이제 갓 스무 살일 테고 고등학교 입학했을 때는 열일곱 살이었으리라. 나도 열일곱 살부터 미술을 한답시고 미술 학원에 다니기 시작하였지만 정말로 내가 직업으로서 화가의 길을 걷게 될 줄은 아직 몰랐었다.

열일곱 나이의 아이들이 들으면 뭐라 한 소리 하겠지만은 열일곱은 정말 아무것도 모르는 나이이다. 머리에 들어있는 지식에 대한 이야기가 아니라 앞으로 긴 세월 동안 자기 자신이 무엇을 할 수 있을지 아직 아무것도 모르는 나이라고 생각한다.

올해 여름 도쿄 올림픽이 치러졌다. 올림픽에 나오는 운동선수들은 종목마다 다르겠지만 10~20대가 가장 많아 보였고 아무리 나이가 많아도 40을 넘는 선수들은 좀처럼 보기 힘들었다. 자신의 몸을 재산으로 승부를 보는 운동선수들은 선수 생명이 안타까울 정도로 짧다. 10세 이전에 입문하여 10~20대에 선수로서 전성기를 지나 30대에는 은퇴를 준비해야 하는 운동선수들은 백세 인생에 남은 긴 시간을 어떻게 보내게 될지 나로서는 상상조차 할 수 없다.

나는 고등학교 1학년 때 입시미술을 시작하였다. 입시미술을 시작한 계기도 그림에 재능이 있거나 그림을 너무 그리고 싶어서가 아니라 학교에서 진행하는 야간자율학습을 빠질 수 있는 이유가 되어 주었기 때문이다.

그림을 시작한 의도가 공부가 하기 싫어서 그랬던 것인지 예체능 계열은 수능시험범위가 1학년 때 배웠던 내용에서 출제가 된다는 것을 다른 것보다 먼저 알게 되었다. 남은 인생 동안 평생에 있어 한 번 써먹을 수 있을지 없을지 모르는 지식들을 외우느라 시간만 허비하고 있는 이 감옥 같은 곳에서 나가고 싶었다. 그래서 나는 고등학교 2학년 1학기를 마치고 학교를 자퇴하였다.

내가 자퇴할 때 어머니께서 나에게 내건 조건은 단 하나였다. '피아노 조율사' 학원 다니기. 그 당시 어머니께서 알고 계셨던 가장 좋은 기술이라 생각하셨던 것 같다. 이것 저것 하고 싶은 것이 많아 자퇴를 결심한 나에게 새로운 무언가를 배운다는 것은 감사한 일이지 어려운 일은 아니었다.

여름방학 동안은 평소와 다름없이 친구들과 지냈었고 여름방학이 끝나고 2학기 첫날 친구들은 모두 학교에 갔지만 나는 학교에 갈 수 없다는 사실을 아침에 교복을 입고 학교에 가는 내 또래 아이들을 보며 알게되었다.

겁이 났다. 내가 잘 할 수 있을까? 학교를 자퇴하고 처음으로 걱정이 되었다.

하지만 그것도 단지 그때뿐, 하루 이틀 지나니 금방 새로운 현실에 적응이 되었고 그 뒤로는 마음껏 내가 하고 싶은 것들을 했다.

열일곱 살 생일 지나고 가장 먼저 취득했던 원동기 면허로 중국집 배달 알바를 하였고 검정고시를 준비하며 네일아트와 피아노 조율사를 배우러 다녔다. 실력은 당연히 따라붙는 것이라 생각했고 이것저것 많이 배울수록 좋은 것이라고 생각했다.

여러 가지를 배웠다. 여러 가지를 배우느라 그중 무엇도 제대로 하지 않았다. 당연한 이야기지만 실력은 늘지 않았다. 실력이 늘지 않으니 이 길은 내 길이 아닌가 보다 하며 수능시험을 준비해야 한다는 핑계로 벌려 놓았던 많은 것들을 정리하고 수능시험과 입시미술을 준비하였다. 하지만 이것도 그다지 열심히는 하지 않았기에 겨우겨우 간신히 대학교에 진학할 수 있었다.

그 뒤로도 마찬가지였다. 난 참 많은 것들을 시도하였다. 튜바(금관악기), 플루트(목관악기), 오카리나, 경찰시험, 골프장 캐디, 대형면허, 포토그래퍼, 스키강사 등등등 이것저것 많이도 시도하였다. 하지만 결과는 무엇 하나 진득하게 오래 하지 못하고 그저 체험 정도로 끝을 냈었다. 결과만 놓고 본다면 빵점짜리 시험지만 수두룩하지만 그래도 돌고 돌아 지금의 내 자리에 올 수 있어 좋았다.

어떤 것이 내가 잘 할 수 있는 일인지 어떤 것이 내가 잘 못하는 일인지 수많은 경험을 통해 직접 몸으로 체득할 수 있어서 좋았다.

이제 곧 40을 바라보는 나이가 된다. 나는 그림을 그리는 화가이다. 충분히 많이 헤매었다 생각하지만 아직도 많이 헤매고 있으며 그중 그래도 가장 나의 적성에 맞다 생각하는 화가가 되기로 마음먹었다. 미술계에서는 40대도 젊은 작가로 분류된다. 이제 막 꽃이 피기 시작하는 예술가로서의 40대, 그리고 앞으로 이어질 나의 그림들을 생각하면 즐거운 마음으로 50대, 60대가 기다려진다.

참, 많이 헤매서 다행이다.

헤매었던 시간들이 즐겁지만은 않았지만 많은 것을 보고, 많은 것을 경험하고 충분히 고민하고 천천히 결정 내릴 수 있었기에 내 인생이 좋다.

내가 헤맬 수 있게 도움을 준 많은 분들께 감사한 마음을 전하고 싶다.

사과궤짝과 반딧불이.

「어릴 적 겨울 방학은 꽤나 길었습니다.

방학이 되면 시골에 있는 외갓집으로 놀러 가는 것이 저희 집의 이벤트였습니다.

아침부터 준비해 이른 점심을 먹고 서둘러 출발해도 시골 외갓집에 도착할 때면 벌써 저녁때가 다 되었습니다.

늦게까지 농사일을 하시다 반갑게 우리를 맞아주시는 외갓집 식구들.

저녁 짓는 아궁이의 불 냄새, 여물 먹는 외양간의 소들, 집 안에 퍼져있는 메주 띄운 냄새, 모두가 그리운 추억의 냄새입니다.

겨울의 밤은 길었습니다.

오랜만에 만난 친척들과 밤이 늦도록 이야기꽃을 피우고 잠자리에 들기 전 함께 나갔던 밤 산책.

머리 위로 끝없이 펼쳐진 은하수, 별빛에 반짝이는 숲, 차가운 겨울바람에 흔들리는 나무들.

밤이 어두운 것만은 아니었습니다. 친척들과 함께 누워 잠을 청했던 겨울밤, 새벽녘에 꼭 한번 일어나 확인해야 했던 연탄불.

그리고 모두가 잠든 한밤중 소리 없이 내렸던 함박눈.

모두가 길었던 겨울밤의 추억입니다.」

2019년 강릉의 소집 갤러리에서 진행한 단체전에서 내가 적었던 초대글이다.

나는 서울에서 태어나 9살까지 서울에서 살다가 10살이 되던 해 친가와 외가 쪽 친척들이 있는 충북 제천으로 이사를 갔다. 서울에서는 단독주택, 빌라 그리고 아파트에서 살았고 제천으로 내려와서는 아파트가 지어지길 기다리는 몇 달 동안 할머니 집에서 살았다. 아파트가 완공되고는 새집으로 들어가 20대가 될 때까지는 계속 아파트에서 살았다. 그래서 내가 갖고 있는 시골의 추억은 대부분 외갓집에서 만든 추억이다.

시골의 기준을 어디로 잡을지 개인마다 차이가 있을 것이다. 나의 시골집에 대한 기준은 근처에 논과 밭이 있으며 소나 개와 같은 동물을 키우고 아궁이나 연탄보일러로 난방을 하며 가장 포인트 되는 재래식 화장실이 있어 밤에는 화장실 가기가 무서웠던 그런 기준이다. 너무도 주관적인 기준이니 특별히 의미를 담지는 않아도 될 것이다.

이런 나의 시골의 기준에 정확하게 들어맞는 곳이 바로 외갓집이다. 외갓집을 보고 시골의 기준을 잡았으니 딱 들어맞는 것이 당연할 것이다.

서울에 살 때는 방학이면 외갓집으로 놀러 갔었고 제천으로 이사 와서는 버스 한 번 타면 외갓집에 갈 수 있기에 자주 놀러 갔었다. 외갓집에는 논도 있고 밭도 있고 소와 닭 그리고 집을 지키기 위해 강아지도 키웠는데 외갓집에서 키웠던 여러 마리의 개들 중 요즘 말하는 시고르자브종의 '재롱이'라는 유독 똑똑했던 녀석은 아직도 가끔 기억이 난다. 또 외할머니, 외삼촌, 외숙모 그리고 세 명의 사촌형들까지, 외아들로 혼자서 자랐던 나에게 외갓집은 놀거리로 풍성한 곳이었다.

외갓집의 구조는 가로로 긴 직사각형의 구조였다. 정면에는 현관이 있고 뒷면에도 집 안으로 들어가는 문이 있어 앞뒤로 드나들 수 있는 구조였다. 나는 외갓집의 뒷면, 우리가 '뒤안'이라 불렀던 곳을 좋아했다.

외갓집의 뒤안에는 뭐가 많았다. 큰 가마솥이 있어 국도 끓이고 명절에 송편도 쪄 먹었고 외갓집 지붕 위로 가지를 뻗을 만큼의 큰 자두나무가 있어 자두 철이 되면 뒤안 툇마루에 앉아 떨어지는 자두를 주워 먹으며 놀았다. 그 외에도 앵두나무, 복숭아나무, 밤나무가 있어 철마다 우리에게 간식거리를 주었다. 그리고 어느 집이나 비슷할 텐데 안 쓰는 짐들을 뒤안에 쌓아 두었다. 뒤안은 그 자체로 하나의 창고였다.

요즘 아이들은 '사과궤짝'이란 단어 자체를 모를 것이다. 하지만 내가 어릴 때는 나무로 엉성하게 만든 궤짝에 사과를 담아 팔았었다. 이 사과궤짝은 사과만 담는 것이 아니라 여러 가지 잡동사니를 담아 놓는 박스로 쓰이기도 하였다. 지금은 일부러 돈을 주고 예쁜 박스들을 구입하여 짐을 정리해 놓지만 그때는 그런 사과궤짝에 짐을 모아두기도 하고 짐 정리할 때면 사과궤짝 채로 버리기도 하였다. 외갓집에는 이런 잡동사니를 담아 놓은 사과궤짝이 많았다. 사촌 형들의 교과서나 일기장, 잡지, 빈병 등 고물상에 팔 것들을 모아두었는데 그런 것들이 나에게는 보물창고가 되었다. 사촌 형들이 썼던 일기장을 훔쳐보기도 하고 잡지를 찢어 딱지를 만들기도 하고 병뚜껑으로 딱지치기와 같은 게임을 하기도 하였다. 사과궤짝의 잡동사니들을 뒤지며 놀았는데 그럴 때면 외할머니께 '또 어질러 놓는다'고 혼도 났다. 사과궤짝에 담겨 있던 보물들이 가끔 생각난다.

내가 외갓집의 '뒤안'을 좋아하는 이유는 한 가지가 더 있다. 바로 그곳에서 봤었던 반딧불이 덕분이다. 요즘에는 정말 보기 힘들어진 반딧불이지만 내가 어릴 때는 시골에 가면 종종 볼 수 있었다. 그중 가장 자주 봤었던 곳이 외갓집의 뒤안에서였다. 앞서 말한 데로 뒤안에는 자두나무, 앵두나무, 복숭아나무들이 있고 그 뒤로는 산으로 연결되기에 꽤나 괜찮은 숲이 만들어져 있었다.

외갓집은 다 좋은데 한 가지 싫었던게 집과 떨어져 있는 재래식 화장실이다. 밤에는 그곳이 어찌나 무섭던지 형들을 졸라 같이 화장실에 갔었다. 하지만 새벽에 잠에서 깼을 때는 어쩔 수 없이 혼자서 다녀와야 했는데 화장실을 가려면 이 뒤안을 통해서 가야 했다. 어느 늦여름 날 새벽 요의가 느껴져 잠에서 깼다. 한밤 중이었다면 화장실에 갈 엄두도 못 냈을 테지만 바깥은 이제 곧 동이 트려는 듯 푸르스름한 새벽빛을 띄고 있었다. 새벽빛을 띄어 안심하긴 했지만 아직 무서움이 완전히 가시진 않은 상태. 무서움을 참고 밖으로 나왔는데 살포시 안개가 내린 뒤안에 반딧불이 한 마리가 날고 있었다. 마치 부싯돌에 불꽃이 튀듯 부시시- 부시시- 하며 연한 초록빛을 빛내며 나무들 사이로 날고 있었다. 그때 본 반딧불이의 초록빛이 너무나 아름다웠다. 반딧불이의 아름다움에 나는 무서움도 잊고 화장실을 다녀올 수 있었고 그뒤 곧바로 집에 들어가지 않고 그렇게 한참 더 반딧불이의 초록빛을 구경했다.

외갓집의 '뒤안'은 그런 공간이었다.

사과 궤짝과 반딧불이가 있는 곳.

나에게 잊지 못할 소중한 추억을 안겨주었던 곳이다.

모두에게 그런 따뜻한 공간이 하나씩은 있었으면 좋겠다.

살자, 너도 살고 나도 살자.

우리 집에는 두 명의 사람 외에 다섯 마리의 고양이가 있다. 길 위에 버려져있던 첫째를 집으로 들인 것을 시작으로 저마다의 사연을 가진 네 마리의 고양이들과 인연을 맺어 지금은 총 일곱 식구의 대가족이 되었다.

이렇게 대가족이 될 줄 몰랐던 아직 두 마리의 고양이와 살던 때의 이야기다.

가을에서 겨울로 넘어가던 때 나는 길고양이 한 마리를 구조했다.

태어난 지 한 달 정도 된 새끼 고양이였는데 낙오된 것인지 도태된 것인지 집 근처 트럭 안에서 며칠째 울고 있던 녀석을 캔으로 유혹해 집으로 데려왔다. 우리 집에는 이미 두 마리의 성묘 고양이가 있어 집으로 데려와 얼마간은 질병 등의 이유로 작은방에 따로 격리시켜 놓았다. 겁은 많은지 우리를 보고 하악질은 하지만 쓰다듬어 주면 이내 골골대며 골골송을 불렀다. (*골골송 : 고양이가 기분 좋을 때 내는 소리) 그렇게 며칠 밥을 챙겨주니 기력을 회복했는지 똥꼬발랄하게 잘 놀았다. 하지만 아직 문밖의 성묘 고양이들은 겁이 나는지 문틈으로 꼬리라도 보일라 치면 하악질을 해대며 숨기에 바빴다.

그 녀석이 우리 집에 온 지 열흘 정도 지났을 무렵의 일이었다.

길 위에서 굶주림에 지쳐 있었던 기억 때문인지 음식에 대한 집착이 강했는데 평소처럼 아이들 저녁을 챙겨주기 위해 거실에서 원래 있던 두 마리 고양이의 저녁을 먼저 챙겨주고 길고양이 녀석의 밥을 주기 위해 작은방 문을 열었다. 평소라면 열린 방문 틈 사이로 다른 고양이의 모습이 조금만 비춰도 기겁을 하며 도망가기 바쁜 녀석이었는데 그 순간에는 겁 많던 녀석은 어디 가고 저녁을 먹고 있는 다른 고양이 들의 밥그릇으로 돌진하여 밥을 뺏어 먹는 것이었다. 다른 녀석들은 순간 무슨 일인가 하며 어린 녀석이 자신의 밥을 먹는 모습을 당황하며 쳐다만 보았고 나는 얼른 달려가 그 녀석을 번쩍 안아 들었는데 이미 녀석의 입가에는 사료 부스러기가 몇 알 붙어 있었다.

평소에는 두려워 숨기만 했던 녀석이 그 순간은 두려움도 잊고 자신보다 몇 배는 더 큰 고양이들에게 달려가 그들의 밥을 뺏어 먹은 것이었다.

녀석을 그렇게 움직이게 만든 것은 무엇 때문일까. 단순한 배고픔 때문이었을까?

열흘 정도 우리 집에서 지내며 꼬박꼬박 밥을 챙겨주었기에 그렇게 배가 고프진 않았을 것이다. 그럼에도 그 녀석이 그렇게 두려움을 이기고 움직일 수 있었던 것은 무엇일까? 길 위에서 며칠 동안 쉬지 않고 트럭 안에서 애타게 울었던

그때,

그 녀석은 무슨 생각을 했을까?

아니, 생각이란 것을 하기는 했을까?

'한 시간 울고 십분 쉬고 다시 한 시간 울어야지' 이렇게 계산을 하고 울었을까?

아닐 것이다.

근처에 엄마가 있다면, 혹시라도 엄마가 내 목소리를 듣는다면,

나를 구하러 와달라고, 자기를 살려달라고 그렇게 필사적으로 울었을 것이다.

오직 살기 위한 그 목적 하나로 그렇게 울었을 것이다.

내 손바닥 보다 작은 그 녀석이 살기 위해 다른 것은 생각할 것 없이 그저 살기 위해 그렇게 할 수 있었던 것은 아니었을까? 살기 위해 다른 고양이의 밥그릇에 달려들었던 것은 아니었을까?

그에 반해 나는 무슨 이유가 그리고 많은 것일까.

무슨 이유가 그리도 많아 내가 해야 할 것도 못하고 있는 것일까.

아니, 해야 할 것과 하지 말아야 할 것 구분하는 것조차도 사치이다.

그 녀석이 살기 위해라는 하나의 목적으로 밥그릇에 돌진

했듯이 나도 단 하나의 목적만 생각하며 앞으로 나아가야 할 때이다.

지금 그 녀석은 우리 집이 아닌 다른 곳에서 잘 지내고 있다. 우리 집에서 다른 녀석들과 합사를 하고 첫째 고양이가 물고 빨며 잘 보살펴 주었는데 아직 두 마리 이상의 대가족은 엄두를 못 냈을 때라 우리보다 더욱 좋은 곳으로 입양을 보냈다. 이제는 가끔 SNS로 그 아이의 소식을 접하곤 하는데 어릴때의 솜털같은 모습은 어디 가고 어엿한 성묘의 모습을 한 그 아이의 모습을 본다. 낯설지만 참 뿌듯하다.

나를 찾아가는 길.

대학교 재학 시절 사진의 매력에 흠뻑 빠져 지내던 시절이 있었다. 당시 아르바이트를 하여 모은 돈으로 수동식 필름 카메라를 구입하였다. 어디든 항상 필름 카메라를 가지고 다니며 이것저것 많이도 찍어 댔었다.

필름 한 롤이 주는 스물네 번의 기회는 사진 한 장 한 장이 매우 소중하게 만들었고 카메라의 셔터를 누르는 매 순간마다 나는 카메라의 조리개를 만지고 셔터 스피드를 조절하여 내가 원하는 상태의 노출로 맞춘 뒤 한 장의 사진이라는 결과물을 얻을 수 있었다. 번거로울지도 모르는 조리개, 셔터 스피드 등 일련의 조작 과정이 '내가' 지금 사진을 찍고 있다는 기분이 들게 해 그 매력에 흠뻑 빠져들게 되었다.

사진을 좋아하는 마음이 점점 깊어져 본격적으로 사진 촬영을 하고 싶었다. 대학교를 한 학기 휴학하고 그 등록금으로 전문가용 디지털카메라를 구입하였다. 하지만 그렇게 비싼 돈을 주고 구입하였던 디지털카메라 때문에 아이러니하게도 사진에 대한 나의 흥미는 급속도로 떨어졌다. 필름 카메라로 찍었던 사진 속에는 조리개를 만지고 셔터 스피드를 조작하는 등 카메라의 모든 부분을 움직이는 '내가' 있었다면 디지털카메라의 사진 속에는 카메라의 성능이 너무도 좋은 나머지 나의 역할은 카메라의 셔터를 누르는 것 뿐이었다. 심지어 그마저도 내가 아니라 누가 해도 상관이 없었다.

그림에서도 마찬가지였다.

사진에 대한 흥미를 잃어가던 그때 즈음, 학교 수업 과제로 유화물감으로 그림을 그릴 때면 항상 붓질을 하고 난 뒤 여벌의 붓으로 붓질 한 자국을 펴 바르며 붓 자국을 지워주는 작업을 했었다. 당시 선생님은 그것을 '보카시'라고 한다고 하였다.

선생님의 그 말을 듣고 여러 생각이 들었다. 나는 그때까지도 내가 그런 행위를 한다고 인식하지 못하였다. 같이 수업을 듣는 학생들 모두 그렇게 그림을 그렸었기에 딱히 그 행위가 이상하게 생각되진 않았다. 선생님의 말씀을 듣고 나의 행위를 인식하게 되었다.

똑같은 물감으로 똑같은 정물을 그린다면 옆자리 친구의 그림과 내 그림이 다른 점은 무엇일까?, 내 그림 속에서 나를 특정할 수 있는 점은 무엇일까? 사진에서는 셔터라도 내가 눌렀지만 그림에서는 내가 그렸다는 거의 유일한 흔적인 붓질까지도 내 손으로 지워버리고 있는 것이었다.

붓 자국을 평탄화하는 '보카시'라는 행위를 인식하고부터 내 그림임을 증명해 주는 나의 붓질 자국을 지우기가 힘들어졌다. 그대로 나의 붓질 자국을 남기고 싶었다. 내가 그렸음을 내 붓질로 말하고 싶었다. 하지만 그냥 남기기에는 너저분한 붓질이었다. '내가 조금 더 붓질을 잘 했다면, 그 자체만으로도 멋진 붓질을 했다면 그 자국을 지우지 않아도 되었을텐데' 라는 생각을 하며 조금 더 멋진 붓질을 하고 싶어졌다. 그래서 선연습을 시작하였다.

그것은 '나'를 찾는 여정의 출발이었다.

종이를 한 장 펴고 붓에 먹물을 찍어 왼쪽에서 오른쪽으로 다시 오른쪽에서 왼쪽으로, 위에서 아래로 다시 아래에서 위로 선을 긋는다. 그렇게 한 장의 종이가 선으로 가득 차면 다시 새로운 종이를 꺼내 처음부터 다시 선을 긋는다. 너무나도 단순한 이 행위를 20대에서 30대로 넘어가는 시기에 길게는 하루에 10시간씩 반복하며 4년 동안 선연습을 하게 되었다.

나는 성격도 급하고 욕심도 많았다. 조금이라도 남들보다 특별해지고 싶었다. 남들이 사용하지 않는 재료나 방법들을 통해 남들보다 조금 더 특별해 보이고 싶었다.

선연습을 하며 필력을 쌓아 일필휘지로 산을 그리고 바다를 그리는 모습을 꿈꾸기도 했다. 하지만 내가 원하는 것은 그보다 조금 더 특별함이었다. 쉽게 말해 다른 사람들의 그림을 이길 수 있는 그림이어야 했다. 그것이 내가 원하는 특별함이었고 내가 생각하는 '좋은 그림'이었다. 그렇다면 남들을 이길 수 있는 '좋은 그림'은 무엇일까? 구상미술이 좋을까? 추상미술이 좋을까?, 재료는 유화? 아크릴? 아니면 더욱 특별한 다른 것? 등 선을 긋는 시간 동안 끊임없이 스스로에게 질문하고 스스로 해답을 찾으며 고민의 시간을 보냈다.

처음에는 이 과정이 좋았다. 스스로 질문하고 답변을 찾아가는 과정에서 많은 공부가 되었다. 하나씩 질문에 대한 해답을 찾으며 '나'라는 정체성이 형성되어 가는 듯했다.

4년 동안 선을 그으며 많은 고민을 하고 많은 질문을 하였다. 내가 생각하는 '좋은 그림'이 이전처럼 단순하지 않았다. 한 가지 방향에서 생각하면 맞는 것이어도 열 가지 방향에서 생각해 보면 정말 맞는다고 할 수 있을지 모르는 것들이 생겼다. 스스로에게 하는 질문은 하루에도 수십수백 개씩 생겨나는데 질문에 답할 수 있는 부분들은 점점 줄어들었다. 선연습을 하며 내가 실력이 늘어간다는 생각보다 나에게 실력이 없음을 알게 되었다.

단순한 붓질이었지만 붓질 한 번 하기 위해 따져 물어야 할 것들이 너무나 많아졌다. 나 스스로 만들어 내는 고민과 의미가 나를 옥죄어왔다. 고민이 깊어질수록 선을 그으며 느껴지는 무게감이 점점 커졌고 결국 붓질 속에 담기는 그 무게를 견디지 못하고 선연습을 멈추었다.

이제와 돌이켜 생각해 보면 작가로서 나의 인생에 가장 값진 보석 같은 시간이었지만 그 당시 나에게는 하루하루 고통 속에서 그저 버티고 있었다. 대학교를 졸업한 다른 친구들은 각자 자신의 스타일로 작업을 하며 크고 작은 여러 전시에 참가하여 작품 활동을 하거나 그도 아니면 어딘가 회사에 취직하여 열심히 일을 하는데 나는 이것저것 많은 시도는 하지만 제대로 된 작품 하나 완성하지 못하였다. 그저 작업실에서 붓질만 하고 있는 작가도 무엇도 아닌 그저 그런 존재였다. 붓질을 해대는 것만이 내가 작가임을 증명하는 몸부림이었고 그런 꿈틀거리는 몸부림이 내가 아직 버티고 있음을 알렸다.

그렇게 4년이란 시간을 선연습으로 보냈지만 아무런 소득 없이 끝나게 되었다.

선연습을 멈추고 많은 것들을 포기하고 나니 마음은 편해졌다. 내가 가고 있는 길이 과연 맞는 것인지 잘하고 있는 것인지 불안하긴 마찬가지였지만 잘 해야 한다는 숨 막히듯 조여오던 부담감은 사라졌다.

바다를 보러 갔다. 바다와 가깝게 살고 있기에 선연습을 시작했을 때도 선연습에 지쳤을 때도 답답한 속내를 바다를 보며 달랬었다. 그리고 선연습을 끝내기로 했을 때도 바다를 보았다.

가만히 앉아 바다를 보았다. 들어왔다 나갔다 끊임없이 반복하며 '파도'라는 '선'을 긋는 바다가 보였다. 그곳에 내가 있었다. 도무지 끝이 보이지 않는 선연습과 붓질에 쌓여가는 고민의 무게를 견디지 못하고 나는 선연습을 멈추었지만 바다는 나와는 다르게 언제나 '파도'라는 '선'을 긋고 있었다. 바다는 나보다 먼저 시작했으며 앞으로도 틀림없이 나보다 훨씬 더 오래 선을 그어갈 것이다. 고작 4년 동안 선연습을 하고 지쳐 포기하려 하는 나와는 달랐다. 끝이 없는 선연습을 나 혼자서만 하고 있다 생각했었는데 나보다 더 오랜 시간 바다는 선을 긋고 있었다. 혼자가 아니었구나. 바다는 나의 선배이자 동지였다.

무엇보다 바다는 자유로웠다.

나는 붓질을 한번 하려면 따져 물어야 할 것들이 나를 옭아매는데 바다는 그렇지 않았다. 정해진 형태 없이 움직이는 파도도, 시시각각 변화하는 바다의 색도 어디에 얽매이지 않고 자유로웠다. 바다가 부러웠다. 자유로워지고 싶었다. 끝없이 반복하는 파도가 만들어내는 저 넓고 깊은 바다를 닮고 싶었다. 나의 붓질에 조금이라도 저 바다를 담았으면 하는 바람이 생겼다. 내가 가야 할 길을 바다가 보여주고 있었다. 그저 붓을 잡고 휘두르기만 했던 붓질에 목표가 생겼다. 내 붓질이 바다를 닮아 깊고 자유롭길 바라게 되었다.

그렇게 지난 4년간 맹목적으로 매달렸던 선연습을 정말로 멈출 수 있었다.

나는 또다시 붓질을 할 것이다. 하지만 그 붓질은 이전과는 다를 것이다. 어디로 가야 할지 방향도 모른 체 그저 휘두르기만 하는 붓질이 아닌 바다를 향해 자유롭게 뻗어 나가는 붓질을 할 것이다.

강릉과 제천을 오가는 길.

나는 자동차 면허를 스무 살에 땄다. 대학교 입시가 끝나고 친구들과 함께 학원을 다녔었는데 학원 안에서 보는 기능 시험이 너무 쉬웠다. 학원을 다닌 지 얼마 되지 않았는데도 학원에서 연습할 때는 항상 100점이 나왔다. 더 이상 학원에 다닐 필요가 없다 생각되어 운전면허시험장으로 직접 찾아가 시험을 보았다. 하지만 학원에서 연습했던 때랑은 전혀 달랐다. 학원에서는 100점 만점으로 타던 코스였는데 운전면허시험장이라는 낯선 공간에서 그 코스를 타려고 하니 이게 정말 내가 알고 있는 코스가 맞나 싶었다.
그렇게 나는 멀쩡히 잘 다니던 학원을 그만두고 운전면허시험장을 방문하여 세 번 만에 기능 시험에 합격할 수 있었다. 학원비에 시험비에 돈을 이중으로 허비하면서 겨우 합격했다.
그 고생을 하고 난 뒤 도로주행은 얌전히 학원을 다니며 학원에서 보는 시험으로 운전면허를 땄다.
스무 한 살때 어머니 차로 조금씩 운전을 하기 시작하였고 스물 일곱 살 즈음 어머니께서 신차를 구입하시며 원래 타던 차를 내가 타게 되었다. 그때부터 본격적으로 운전을 했다.
자동차라는 이동 수단이 생기니 확실히 생활 반경이 넓어졌다. 다니던 대학교가 위치한 강릉을 자유롭게 다녔던 것은 물론이거니와 고향집이 있는 제천으로 학원을 다녔었다.

학원은 매일 가는 것은 아니고 일주일에 한 번씩 다니는 곳이었다. 왔다 갔다 교통비가 꽤 들었지만 그래도 일주일에 한 번씩 아들 얼굴 볼 수 있다는 점에 어머니는 좋아하셨다. 그렇게 강릉과 제천을 오가며 운전을 익혔다.

운전하는 사람들이 하는 이야기 중에 그런 말이 있다.

"나보다 빠르게 가는 차들은 과속하는 차들이고 나보다 느리게 가는 차는 거북이처럼 늦게 가는 것이다."

나는 운전을 잘 하기에 언뜻 이 말이 맞는다고 생각했었는데 자세히 생각해 보면 위험한 생각이었다. 느리고 빠르고의 판단 기준이 자기 자신한테 있는 것이다. 우리나라 도로에는 엄연히 규정속도가 있다. 규정속도를 지키며 안전운전하는 것이 가장 중요한 일이다.

하지만 아직 20대인 나는 그것을 잘 몰랐다. 무엇이든 내가 잘 했기 때문이라 생각했었다. 한참 강릉과 제천을 오가며 운전 실력이 많이 늘었다고 생각했다. 이제 운전으로는 누구에게도 지지 않을 것 같았다. 그래서 운전 경력이 30년이 넘는 어머니께 질문을 하였다.

"엄마는 강릉에서 제천 오는 걸 몇 시간 만에 올 수 있어? 나는 이제 두 시간도 안 걸리게 올 수 있는데." 라며 내 운전 실력을 뽐내었다. 하지만 그때 해준 어머니의 말씀은 나를 돌아보게 하였다. 그때 어머니은 이렇게 말씀하셨다.

"빠르게 오는 것이 뭐가 중요해, 오늘 길에 멋진 풍경들도 보고 친구들과 함께 가면 같이 웃고 떠들고 즐겁게 사고 안 나게 다니는 게 중요하지."

그 말은 좀 충격이었다.

그동안 강릉과 제천을 오가며 시간 단축을 하기 위해 빠르게 달리며 내가 최고라 생각했었는데 그것은 아무 의미도 없는 일이었다. 어머니의 그 말을 듣고 강릉으로 돌아가는 길에 처음으로 풍경이 눈에 들어왔다. 산은 푸르렀고 강은 맑았다. 이 길이 이렇게 예뻤었나 싶게 너무도 아름다웠다. 창문을 열고 산과 강에서 불어오는 바람을 맞으며 천천히 풍경을 즐겼다.

자만하지 말자. 내가 알던 가치는 생각보다 중요한 게 아닐 수도 있다.

정말 중요한 것을 보려고 노력하자.

낭중지추.

낭중지추란 주머니 속의 송곳이라는 뜻의 한자어로 능력과 재주가 뛰어난 사람은 스스로 두각을 나타내게 된다는 뜻이다.

정확히 언제인지는 모르겠지만 이 단어가 내 가슴속에 크게 다가왔었다. 낭중지추란 말을 떠올리며 언제나 나를 주머니 속의 송곳이라 생각하며 스스로 두각을 나타낼 날 만을 기다리며 살았다. 하지만 결국 두각을 나타내지 못 한 채 근 40년이 지나고 있다.

20대 초반의 나에게는 엄청 많은 송곳이 있었다. 주위에 널리고 널린 것이 송곳이기에 그중 아무거나 잡고 찌르면 주머니를 뚫고 나갈 수 있다고 생각했다. 그래서 그때는 주머니를 뚫고 나가는 것보다 다른 사람들 보다 훨씬 더 그럴싸해 보이고 잘 생긴 송곳을 찾는데 더 열중했다. 송곳의 무늬(송곳에도 무늬가 있다면)는 어떤지, 손잡이는 화려한지 등등 송곳의 기능과는 관계없는 화려하고 멋진 송곳을 다른 사람들보다 먼저 찾으려고 애썼다.

20대 후반에는 주위에서 하나둘 주머니를 뚫고 나가는 사람들이 생겼다. 나도 이제 주머니를 뚫고 나가야겠다는 생각이 들어 그동안 골라왔던 송곳들로 주머니를 찔렀다. 하지만 내가 손에 잡고 찌른 송곳들은 주머니를 뚫지 못하고 찌르는 데로 송곳이 부러져 나갔다. 송곳을 잡고 찌르느라 내 손에도 상처가 생기기 시작했다. 도대체 이해가 되지 않았다. 왜 주머니가 뚫리지 않는지, 왜 송곳이 부러지고 내 손에 상처가 생기는지 그 이유를 알 수 없었다.

30대가 되어서야 그 이유를 알 수 있었다. 내가 송곳이라 생각했던 것들이 실상은 이쑤시개조차 안되는 수수깡들이었다. 약하디 약한 수수깡들이었고 이제는 그마저도 나에게는 몇 개 남지 않았다.

주위를 둘러보았다. 다른 사람들도 나와 같은 수수깡을 손에 쥐고 있었다. 나와 다른 점은 손에 쥔 수수깡을 스스로 송곳으로 만들고 있었다.

수수깡을 겹치거나 이어 붙여 자신만의 송곳으로 변화시키고 있었다. 그뿐만이 아니었다. 주머니를 찌르며 생겼던 상처들이 아물며 굳은살이 생겨 송곳을 더 강하게 움켜쥘 수 있게 해주었다. 그렇게 열심히 노력했던 사람들만이 주머니를 뚫고 나갈 수 있었던 것이었다.

30대 후반이 된 지금, 나는 아직도 송곳을 만들고 있다.

이 주머니를 뚫고 나가는 날을 기다리며.

화요일이 기다려지는 이유.

내가 지금 사는 아파트로 이사 온 지 올해로 7년째가 된다. 그동안 아파트 외관도 새로 칠하였고 이웃 주민들도 바뀌었고 아파트 관리 직원들도 바뀌었다. 우리 집도 나 혼자 사는 집에서 나와 내 짝꿍, 그리고 다섯 마리의 고양이가 함께 사는 집으로 바뀌었다.

많은 것들이 바뀌었지만 그중에는 바뀌지 않은 것들도 있다.

처음 아파트로 이사와 가장 마음에 들었던 공원, 그 안에서 뛰어 노는 아이들과 산책하는 주민들의 모습, 다른 곳은 몇 번씩 바뀌어도 계속 그 자리를 지키는 아파트 상가의 세탁소, 차근차근 생각해 보면 꽤 여러 가지 바뀌지 않은 것들이 있다.

그중 매주 화요일이면 어김없이 아파트 입구에 자리를 펴시는 뻥튀기 트럭이 있다. 나이 든 노부부가 운영하시는데 이곳은 내가 이사 오기 전부터 지금까지 날이 더워 뻥튀기가 상할 위험이 있는 한 여름을 제외하고는 항상 잊지 않고 그 자리를 지키고 계시다.

작업실을 오가며 아파트 입구를 지나는 잠깐의 순간 동안 짧게 보던 풍경이 7년째 이어지니 나에게도 의미가 생겼다.

매주 화요일 아파트 입구에 자리 잡고 계시는 '뻥튀기 트럭이 있는' 풍경을 나는 좋아하게 되었다.

화요일만 되면 오늘도 뻥튀기 트럭이 있을까 궁금해하게 되었고 그 길을 오고 가며 뻥튀기 트럭을 보게 되면 반가웠다. 속으로 흐뭇해하며 그 풍경을 감상했다.

오래되었으니, 7년 넘게 봐왔던 풍경이니,

당연하게 생각했다.

돈을 벌기 위해서라면 당연히 와야 한다고 생각했다. 어느새 내 마음속에서 그분들은 서비스 제공자이고 나는 그 서비스를 받는 사람이라고 생각하고 있었다.

나는 그림을 그려 먹고살아야 하는 화가라는 직업을 가진 사람이다. 예술을 한다고 이야기해 주시지만 실상은 그림이라는 상품을 판매해 수익을 올려야 하는 사람이다. 전시장은 나에게 있어 상품을 판매하는 마켓인 것이다.

화가라는 직업을 하기로 마음먹고 처음 몇 해는 전시장에 사람이 와주시는 것만으로도 감사하였다. 하지만 시간이 갈수록 작품을 판매하여 수익을 만들어야 하는데 그렇지 못하니 삶이 팍팍해졌다. 작품이 좋다는 말을 해주시는 분들은 조금씩 생겨났지만 그것이 작품 판매까지 이어지지는 못하였다.

작품이 판매되어야 나도 맛있는거 사먹고 힘을내서 다음 작품을 제작할 텐데 그렇게 하지 못하니 화가 났다. 내 작품을 좋아해 주시는 것은 물론 너무나도 감사한 마음이다. 하지만 나도 이제는 정말 숨이 머리끝까지 찼다.

'그렇게 좋으면 좀 사라 사!' 마음속으로 외쳤다.

'당신들이 내 작품을 사주지 않는다면 나는 다음 작품을 제작할 수 없게 돼. 지금 작품 보다 훨씬 더 좋을 나의 다음 작품을 볼 수 없게 되는 것은 내 탓이 아니라 나에게 힘을 주지 않는 당신들 탓이야!'라며 남 탓을 했다.

그랬었다.

내가 제공하고 있는 서비스를 당연하게 받고 있는 그들이 미웠다.

허나, 나도 그들과 같았다.

매주 화요일, 아침 일찍부터 오후 늦게까지 뻥튀기 트럭은 누구와 약속한 것도 아닌데 꼭 그 자리를 지킨다.

안 오면 그만일 텐데 이곳이 아니더라도 장사할 곳은 어디에든 있을 텐데 꼭 우리에게 그 맛을 보여주시러 오신다.

나는 그 풍경이 좋다.

매주 화요일, 뻥튀기 트럭이 아파트 입구에 있는 그 풍경이 좋다면 나도 그 풍경을 지키기 위해 노력을 해야 한다.

'응답하라 1988'에서 매일 아침 골목을 청소하는 택이 아버지가 이해가 되지 않았었는데 그는 이웃 주민들이 다니는 그 골목의 풍경을 좋아했던 것이다. 자신이 좋아하는 풍경이기에 누가 알아주지 않더라도 그 풍경을 지키기 위해 노력했던 것이다.

이제야 내 주변의 풍경들이 그냥 만들어지는 것이 아니라는 것을, 하나하나 많은 사람들의 노력이 있어 만들어졌다는 것을, 당연하게 여겼던 것이 당연한 것이 아니라는 것을 알게 되었다.

최근에 뻥튀기 트럭에서 뻥튀기를 사 먹었다. 여태껏 나는 한 번도 뻥튀기를 사 먹은 적이 없다. 너무 맛있었다. 뻥튀기 맛집이었다. 내가 좋아하는 이 풍경을 조금 더 오래 볼 수 있기를 바라며 나도 노력한다. 비록 내가 하는 노력은 가끔 뻥튀기 한두 봉지씩 구매하는 것이지만 이런 작은 노력이라도 보내는 사람이 한 명 두 명 늘어나면 매주 화요일 우리 아파트에 와 주시는 뻥튀기 트럭도 조금은 더 힘이 나지 않을까 하고 생각해 본다.

서양화 전공자의 고지식함.

어떤 전시회의 작품 설치를 도와주다가 방명록이 없어 방명록을 사 오라는 심부름을 맡게 되었다.
근처에 문구점이 없어 가까운 편의점으로 가서 방명록을 찾았지만 마침 다 떨어졌는지 방명록은 없었다. 방명록을 대신할 다른 것을 찾아보았다.
내 손에 들린 최종 후보는 링제본으로 된 연습장 두 권, 하나는 줄이 쳐져 있는 노트 형식이고 다른 하나는 줄이 없는 무선 연습장이었다. 나름 고민하여 줄이 없는 무선 연습장으로 사 갔으나 전시장을 담당했던 선생님의 반응은 그리 좋지 않으셨다. 나에게 직접적으로 뭐라 하진 않았지만 계속해서 내가 사 온 연습장을 들춰보며 다 들리도록 볼멘소리를 하셨다. 그러다 결국은 못 참겠는지 나에게 다시 방명록을 사 오라고 시키셨다. 이번에는 방명록에 대한 주문이 구체적이었다. 전시장에 가면 다들 한 번씩은 보았을 검푸른 색의 표지 겉면에 방명록이라 적혀있고 내지는 흰색 종이로 되어 붓 펜으로 이름을 적는, 이미 익히 알고 있는 방명록을 주문하셨다. 그렇게 아까 다녀왔던 가까운 편의점이 아닌 좀 더 멀리 떨어진 편의점으로 가서 선생님이 주문하신 방명록을 구할 수 있었고 그제서야 고생했다는 말과 함께 '이게 방명록이지' 라는 말을 들을 수 있었다.
그 경험 때문인지 그 뒤로 여섯 번의 개인전을 치르는 동안 모두 그 검푸른 바탕의 방명록을 사용하였다. 그 모습을 보고 짝꿍이 내게 한 말이 참 재미있었다. 바로 '서양화 전공자의 고지식함'이라 짝꿍은 내게 말했다.

그 얘기를 듣고 나서야 내가 꽉 막혀 있었단 걸 알게 되었다. 검푸른 바탕의 방명록을 사용하는 것이 당연한 것이라 생각했었는데 그것이 아니었다. 실제로 그 방명록과 붓 펜을 함께 두면 '전시 축하해'라는 짧은 문장도 적기 어려워진다. 전시에 대한 감상을 길게 적고 싶어도 붓 펜이 주는 부담감에 이름 세 글자만 적게 된다.

그렇게 짝꿍 덕분에 그동안 꽉 막혀있었던 것을 뚫고 나니 조금 시원해진다.

아트페어를 보러 가면 정말 많은 작품이 있다. 그중 외국 작가들의 작품을 보면 내 기준에 '이래도 되나' 싶은 작품들이 있다. 또 하나의 '서양화 전공자의 고지식함' 일지 모르겠지만 내가 배울 때(라떼는 말이야~) 좀 더 좋은 재료를 사용해서 작품을 하라고 배웠다. 이 부분은 한두 사람이 아닌 여러 명의 선생님들이 공통적으로 했던 이야기이다. 값싸고 저렴한 재료가 나쁜 것은 아니지만 보존성을 생각하면 오래 사용할 수 없는 재료이다. 몇 백 년 동안 전시될 작품을 만들어야지 안 좋은 재료를 사용하면 몇 년 못 가 삭아 없어진다. 그러니 공업용 말고 미술용 재료들을 사용해라

등 재료에 관한 이야기들은 수차례 반복해서 들었다. 그래서 어떻게든 좋은 재료를 사용하여 작품을 제작하려고 애썼다.

하지만 아트페어에서 만난 외국 작가들은 그런 나의 고정관념을 또 한 번 깨주었다.

그들의 작품은 노트에 끄적이고 카페에서 주는 컵 받침 종이에 끄적이고 이마저도 없으면 종이박스를 주~욱 찢어 그 위에 끄적이는 등 그들에게는 어떠한 제약도 없었다.

내가 좀 더 그럴싸하게 보이기 위해 좋은 재료를 찾아 헤매는 동안 그들은 자신이 하고 싶은 이야기를 한 번 더 사람들에게 외치고 있었다. 그들 작품이 오래 유지되지 못할 것이라 평하며 스스로 위안 삼지만 작품이 꼭 오랜 시간 그 모습을 유지해야 하는 것은 아니었다. 차츰 생기를 잃고 바스러져 가는 것 또한 그 작품이 주는 의미라는 것을 그 의미가 전달이 된다면 소멸하기 위한 작품도 있다는 것을 새롭게 배워 나간다.

코 끝을 자극하는 이 냄새는?

나도 그리고 내 짝꿍도 손톱에 무언가 바르지 않기에 자주 접하지는 않지만 어쩌다 가끔 누군가 바르는 매니큐어의 냄새를 맡으면 가장 먼저 떠오르는 것이 있다. 바로 '프라모델 본드'이다.

정사각혁 안에 별이 그려진 모양이 빨갛고 파랗게 나란히 두 개 붙어 있었던 프라모델 본드의 냄새가 어찌나 강렬했던지 지금도 그런 비슷한 종류의 냄새를 맡으면 '어? 프라모델 본드 냄새다.'라고 나도 모르게 저절로 입 밖으로 내뱉는다.

중학교 때 우리들 사이에 프라모델이 유행이었던 적이 있다. 너도나도 자기가 조립한 프라모델을 학교로 가져와 자랑하기에 바빴다. 친구들이 만든 멋진 프라모델들을 보며 나도 한 번 해볼까 하고 용돈을 모아 초보자용 프라모델을 하나 샀다. 내가 샀던 것은 밀리터리 프라모델 중 만들기 쉬웠던 '전투기'였다.

친구들이 가져온 잡지에서 보았던 전투기의 모습들을 떠올리며 박스를 열었는데 전쟁터를 떠올리게 하는 리얼함은 없고 진한 회색의 플라스틱 쪼가리들이 들어 있었다. 나중에 안 사실이지만 내가 잡지에서 보았던 리얼함은 직접 채색을 한 것들이었다.

프라모델 박스를 열었을 때 생각보다 부실함에 놀랐고 프라모델 본드의 지독한 냄새에 또 한 번 놀랐다. 그 사실을 몰랐던 나는 '이게 뭐지?' 하고 실망했지만 그래도 프라모델을 만드는 과정은 꽤나 재미있었던 것 같다.

원래부터 없는 손재주로 부품들을 잘라 프라모델용 본드를 부품과 손에 반씩 발라가며 전투기 한 대를 조립하고 나서는 다른 것을 또 하고 싶어 어머니를 졸랐다.

이미 용돈은 전투기를 사는데 써버렸기에 어머니를 조르는 수밖에 없었다. 그때 어떤 핑계를 대며 졸랐는지 기억은 안 나지만 안 봐도 뻔했을 것이다. 어린이날, 생일, 크리스마스 등 가장 가까운 기념일을 핑계로 미리 선물을 달라고 했을 것이다. 그리고 어머니는 내 성화에 못 이겨 사주셨으리라.

두 번째 프라모델은 지난번보다 조금 더 어려운 '헬리콥터'였다. 상자를 열어보니 확실히 부품도 정교하고 부품 개수도 더 많았다. 부품을 하나하나 잘라 손톱깎이로 다듬어 본드를 발라 붙이는데 지난번 보다 훨씬 상승한 난이도에 내 뜻대로 되지는 않고 자꾸만 엉켜가는 프라모델을 보며 계속하여 짜증을 내뱉었다. 부엌일을 하시며 30분 넘게 그 소리를 듣고 계시던 어머니도 더 이상은 안 되겠는지 나에게 한마디 하셨다.

'그럴 거면 하지 마. 네가 원해서 하는 일인데 왜 짜증을 내.

천천히 차근차근 다시 해봐'라고 하셨다.

그 말씀을 듣고 죄송한 마음이 들었다. 내가 하고 싶다고 어머니를 졸라 프라모델을 사와 놓고 나는 지금 누구한테 짜증을 내는 것인가. 내 성질을 못 이겨 입 밖으로 나온 짜증인데 그것을 계속 듣고 있는 어머니는 무슨 죄인가. 잘못이 있다면 내 성화에 못 이겨 프라모델을 사준 죄밖에 없을 것이다.

그렇게 생각하고 나니 어머니께 죄송하고 프라모델에 대한 감흥이 뚝 떨어졌다. 좋아하는 일을 하면서 짜증을 낸다는 것이 얼마나 배부른 소리인지 실감이 났다. 내 뜻대로 잘되지 않아 짜증이 났던 것인데 내 뜻대로 잘되지 않았던 이유는 나에게 실력이 없기 때문이었다. 내가 실력이 없어 그런 것인데 짜증을 낸다고 달라지는 것이 있을까, 입 밖으로 나오는 짜증을 삼키고 다시 한번 해보는 수밖에 없다.

그때부터였을까 내 성질을 못 이기고 입 밖으로 나오는 짜증들을 한 번씩은 다시 삼켜보려고 노력한 것이 아마도 그 일 이후부터였던 것 같다.

나는 선을 긋는 작업을 하는데 4년간 선을 그었던 시기가 있었다. 길게는 하루에 10시간씩 선을 그었는데 선을 긋다 보며 나도 모르게 스멀스멀 짜증이 올라온다. 그렇게 4년간 선을 그으며 입 밖으로 짜증을 내뱉었던 게 못해도 천 번은

됐을 것이다. 그래도 천백 번 할 거 천 번 정도로 줄은 것은 모두 그때의 기억 덕분이리라.

그때 만들었던 프라모델은 일 년쯤 책상 구석 자리를 차지하다가 뽀얗게 먼지만 쌓이고 쓰레기통에 버려졌던 것 같다.

도대체 왜 그렇게까지 하는 거야?

나와 내 짝꿍의 공통점은 둘 모두 그림을 그린다는 점이다. 하지만 그것뿐 그림을 그리는 스타일은 전혀 다르다. 내 기준에서 짝꿍이 그림 그리는 모습을 보면 도대체 왜 그렇게까지 하는 건지 이해가 안 될 때가 있다. 한 번 집중하면 열 시간 이상씩 화장실만 다녀오고 쉬지 않고 그림만 그린다. 잠도 못 자고 손목이 아프다 말하면서도 계속 그림을 그린다. 아프거나 힘들면 조금씩 쉬면서 하면 될 텐데 그렇게 하지 못한다. 그렇게 무리하기 때문인지 온몸에 파스투성이다. 그런 내 짝꿍과 나는 정반대의 스타일로 작업을 한다. 절대 무리하지 않는다. 짝꿍에게 '불(不) 무리 선언'을 해서 그렇다고 농담으로 말하는데 나는 내 몸에 조금만 무리가 가도 바로 휴식을 취한다.

어렸을 때부터 그랬다. 철저하게 가성비를 따져 내가 고생하는 만큼 나에게 대가가 돌아오지 않는다면 노력을 안 하는 것은 물론이거니와 애초에 시작하질 않았다. 중고등학교 때 다들 한 번씩 빠지는 게임에도 나는 빠지지 않았다. 집에서 밤새 게임하고 학교에서는 하루 종일 정신 못 차리고 잠만 자는 친구들을 보면서 도대체 왜 그렇게까지 하는 것인지 이해하지 못하였다. 나도 하루 이틀 게임으로 밤을 새본 적이 있지만 하루 밤을 새우고 나면 며칠씩 컨디션이 돌아오지 않는 후폭풍을 겪으며 절대로 밤을 새워 게임하지 않았다. 게임을 함으로써 얻는 즐거움과 내 삶의 균형을 맞춰가며 적절히 게임을 하였다. 나는 어렸을 적부터 워라벨을 중요시 했었던 것 같다. 워라벨을 너무도 중요시한 나머지 대부분의 일에 그 어떤 노력도 하지 않았다. 노력을 하지 않았으니 기대도 하지 않았고 당연한 결과지만 성취감도 없었다. 그래도 나는 그것이 내 삶을 지키는 방법이라 생각했다.

하지만 성공한 사람들의 이야기를 들어보면 다들 자신의 분야에서 만큼은 도대체 왜 그렇게까지 하는 건지 이해할 수 없을 정도로 지독하게 노력을 했다는 공통점이 있다. 바꿔 말하면 그렇게까지 했기 때문에 자신의 분야에서 성공할 수 있었으리라.

내 기준에 항상 무리하며 그림 그리는 짝꿍을 보며 장난 반 진담 반 섞어 '너도 불무리 선언을 하라고, 불무리 선언을 하고 나와 같이 무리하지 말고 편하게 하자'고 얘기 했었는데 짝꿍의 입장에서 내 말은 '악마의 속삭임'과 같았을 것이다.

짝꿍은 자신의 분야에서 누구보다 열심히 매진하고 있었다. 제대로 집중 못 하고 매번 설렁설렁 작업하는 나와는 달랐다. 나는 내 삶을 위한다는 핑계로 매번 달콤한 '악마의 속삭임'에 넘어갔던 것이다.

끝까지 포기하지 않고 노력하였을 때 얻는 결과의 성취감을 알지도 못하면서 지레짐작하여 노력하는 것보다 쉬는 것이 더 이익이다며 가성비를 챙겼다고 똑똑한 척만 했었다.

내가 정말 이루고 싶은 것이 있다면 진지한 자세로 끝까지 노력해야 할 것이다.

남들에게 '도대체 왜 그렇게까지 하는 거야?'라는 말을 들을 때까지 노력해야 한다.

그렇게 해야만 정말로 원하는 것을 얻을 수 있다.

나도 저런 어른이 되어야지.

나의 첫 번째 자동차는 검은색 모닝이었다. 대학원을 들어가며 새롭게 뽑은 신차였다.

새 차를 보고 학교 선배는 나에게 '능력 있네~ 언제 이렇게 돈을 모아놨어'라고 말했는데 내가 무슨 능력이 있어 새 차를 뽑았으랴. 모두 나 때문에 고생하여 이마의 주름살이 하나 더 생긴 어머니의 능력으로 새 차를 가질 수 있었다.

처음 생긴 나만의 신차에 일주일에 한 번씩 새 차도 하고 왁스도 발라 애지중지하며 차를 타고 다녔다. 그렇게 1년이 조금 지났을 무렵 가벼운 접촉사고가 있었다. 신호 대기 중 뒤 차가 브레이크에서 발을 뗐는지 '콕' 하는 미세한 충격이 있었다. 충격은 거의 느끼지도 못했는데 룸미러로 보이는 뒤 차가 이상하게 가까워 혹시나 하는 마음에 내려서 확인해 보았더니 뒤차의 앞 범퍼와 내 차의 뒤 범퍼가 서로 붙어 있었다.

뒤차의 잘못으로 사고가 났기에 내가 100% 이긴다는 승리자의 입장에서 사고 난 부분을 확인했다. 상대편 차는 SUV였는데 내 차의 뒤 범퍼에 상대편의 번호판 부분이 맞닿아 생긴 미세한 흠집이 있었다.

수리 맡기기에는 너무나도 애매한 상황. 현금으로 합의금을 받아 맛있는거 사먹어야지 하는 생각으로 10만원을 달라고 얘기했다. 그 얘길 듣고 상대방도 이 정도는 5만원이면 된다며 5만원을 주겠다고 하였다.

20대의 호승심이었을까, 이 사고의 책임은 전적으로 뒤차에게 있고 나는 피해자인데 상대방이 제시한 금액을 받고 이 일을 끝내면 무언가 내가 지는 것 같은 생각이 들었다. 그래서 나도 세게 나가야겠다는 생각이 들어 10만원 안 주면 범퍼 교환하겠다고 으름장을 놨다. 그러면 일이 복잡해지니 10만원을 주겠지라고 생각했었는데 상대방은 그럼 그렇게 하라며 보험회사에 연락해서 사고 접수하겠다고 하였다.

속으로 '어! 이게 아닌데' 하며 멀쩡한 범퍼를 교환하였다. 그 당시 20대였던 나의 쓸데없는 호승심에 시간도 자원도 낭비하였다. 몇 년 뒤 어떤 TV 방송에서 한국에 거주하는 프랑스인에게 MC가 질문하는 것을 보았다.

'파리에 갔더니 길거리에 자동차가 주차되어 있는데 앞뒤로 공간이 거의 없어 어떻게 차를 빼나 했더니 차에 탄 채로 그대로 차로 밀어서 공간을 만들어 빠져나가더라' 방송을 보는 나는 속으로 '뜨~악'하며 범퍼에 흠집이 생길 텐데 어떻게 하지?라는 생각이 들었고 MC도 마찬가지였는지 '범퍼는 어떻게 하는가?'라며 질문을 하였다.

그 질문을 받은 프랑스인은 살짝 당황해하며 '그것이 범퍼의 역할이다'라는 답변을 했다.

방송을 보는 나는 살짝 충격이었다. 차는 소중히 다뤄야 하는 것이고 약간의 흠집도 없도록 관리해야 한다고 생각했었는데 심하게 찌그러지거나 부서진 것이 아니라 약간의 흠집뿐이라면 주행하는데 아무런 지장도 없고 원래 범퍼의 역할이 그런 용도 만들어진 것이라는 말에 반박할 어떤 말도 떠오르지 않았다. 그러면서 괜한 호승심으로 멀쩡한 범퍼를 교환했던 지난 일에 반성과 미안한 마음에 다음번에는 그러지 말아야지 하는 생각을 했다.

그리고 드디어 때가 왔다.

더 이상 내 차가 새 차가 아닌 10년 차를 바라보는 연식이 되었고 나도 더 이상 20대가 아닌 30대 중반을 넘어서고 있었을 때 어느 날 낮에 전화가 한통 걸려왔다. 주차장에서 후진을 하다 선생님 차를 긁었는데 확인해 보셔야 할 것 같다는 연락을 받고 확인을 위해 주차장으로 나가며 '사고가 심하게 난 게 아니라면 통 큰 대인배의 모습을 보여주자'라며 '이번에는 5만원이어도 합의해야지'라는 생각을 했다. 주차장에는 인상 좋으신 중년의 아주머니 한 분이 내 차 앞에서 어쩔 줄 몰라 하시며 계셨다. 그분과 인사를 하고 차 상태를 확인하였다.

내 차의 상태는 상대방이 후진을 하며 주차되어 있던 내 차의 앞 범퍼에 살짝 접촉이 있어 앞 범퍼에 흠집이 좀 생긴

상태였다. 부서지거나 찌그러진 곳은 없었다. 흠집이 생각보다 많았지만 이것으로 차 수리 맡기기에는 역시 애매한 정도였다. 수리비 조금 받고 일을 마무리 짓자는 생각에 상대방에게 주저리주저리 설명을 하였다.

'내 차가 경차지만 수리를 맡기게 되면 최소 이틀 걸리고 그러면 렌트비만 5만원 정도 나온다'라고 이야기를 하니 상대방도 내 말이 맞는다며 내 이야기에 고개를 끄덕이셨다. 그러니 5만원만 주시고 일을 마무리 짓자 했더니 상대방이 정말 그거면 되겠냐고 확인차 나에게 되물었다. 나는 속으로 '아~더 부를걸 그랬나' 아쉬웠지만 입으로는 그거면 된다고 대인배의 모습을 보였다. 상대방은 알겠다고 답하시고는 지갑을 가지러 가셨고 나는 그 사이 사고 내용을 합의한다는 문자를 작성하여 상대방에게로 전송하였고 전송이 끝난 나에게 상대방은 미안하다며 10만원을 주셨다.

'아~멋지다. 오늘의 대인배는 나라고 생각했는데, 아니었구나. 5만원을 달라 했는데도 10만원을 주는 저 넉넉함, 닮고 싶다.

나도 저런 어른이 되자. 대인배의 길은 아직 멀구나'라는 생각을 했다.

백종원의 골목미술이 있다면.

TV프로그램을 즐겨 보는 편은 아니다.

아니, 그것이 아니다.

TV프로그램을 즐겨 보는 편은 아니라고 말하고 싶지만 책을 만들기 위해 글을 쓰고 보니 대부분이 TV프로그램에서 얻은 소재들이다. TV프로그램을 보는 시간을 줄이기 위해 TV도 없앴지만 그 대신 국내외의 굵직한 OTT 서비스 채널을 적어도 네 개 정도는 꾸준히 결제하고 있는 본인이기에 더 이상 'TV프로그램을 즐겨 보지 않는다'는 말은 그냥 하나의 글을 시작하는 추임새 정도로 밖에 들리지가 않는다.

꼬박꼬박 챙겨 보는 프로그램이 하나 아니 여럿있다. 그중 하나가 바로 '백종원의 골목식당'이다.

위기에 처한 골목상권의 식당들을 찾아가 상태를 진단하고 솔루션 해주며 변화할 수 있게 도와주는 프로그램이다. 프로그램 안에서 주체는 식당이지만 결국 사람을 상대하는 일이기에 TV를 보며 '아~맞아, 저렇게 해야 하는데' 라고 공감한 적이 한두 번이 아니다.

갑자기 맛집으로 소문난 집에 방문했을 때 왜 기대에 못 미치는지, 맛집은 어떻게 유지되는지, 장사가 되지 않는 식당은 어떤 패턴을 보이는지 등 식당을 주체로 설명을 하고 있지만 사실은 모든 분야에 대입이 가능한 사람의 마음가짐과 태도에 대해 이야기하고 있는 것이다.

혼자서 상상한다. 만약 '백종원의 골목식당'과 같은 '골목미술'이란 프로그램이 생긴다면 그래서 내가 그곳에 나가게 된다면 어떤 모습이 펼쳐질까.

백종원 대표님이 갑자기 작업실에 방문한다. 나는 깜짝 놀라며 '오늘 오실 줄은 몰랐는데'라며 말끝을 흐리며 백종원 대표님을 반길 것이다. 대표님의 주문대로 작업실에서 나의 그림을 꺼내 놓고 나는 상황실로 이동을 한다. 그러면 대표님께서 나의 그림과 나의 작업실을 꼼꼼히 살펴볼 것이다. 상황실에서 나는 맛에는 자신 있다고 자신감을 보이는 사장님들처럼 작품에는 자신 있다 말할 것이다. 하지만 백종원 대표님은 호락호락하신 분이 아니다. 내가 자신 없어 숨기고 싶어 하는 모든 부분들을 혹은 이미 숨겼던 부분들을 찾아내어 나의 단점들을 지적하실 것이다. 그러고 나선 작업실을 둘러보며 말할 것이다.

"작업실 위생상태, 빵점"

"그림 재료 관리, 빵점"

"고객 응대 태도, 빵점"이라고,

그러면 다음날 골목미술 새로운 빌런 탄생이라며 내가 나오게 되는 것은 아닐까?

나는 '집을 위한 시간'으로 하루에 최소 한 시간씩은 집안일을 하려고 노력하고 있다. 집안일은 정말 끝이 없다. 매일 매일 해야 하는 설거지, 고양이 화장실 청소 등을 하고 나면 그림 그릴 체력 밖에는 남지 않는다. 그러다 체력이 넘치는 날에는 한 시간씩 하는 집안일을 힘든 일로 골라서 한다. 무거운 짐을 옮긴다든지 체력이 많이 필요한 일을 한다. 반대로 체력이 부족한 날에는 가장 쉬운 일로 집안일을 한다. '집을 위한 시간'으로 매일 꾸준히 투자하는 한 시간씩이 우리 집을 쾌적하게 해준다. 작업실에서도 마찬가지일 것이다.

집을 위한 시간으로 한 시간씩 투자하는 것처럼 작업실을 위한 시간으로 조금씩이라도 시간을 투자하면 새로운 빌런까지는 안 될 텐데 작업실에서는 그것이 마음처럼 되지 않는다.

일단 작업실에 도착하며 그림 그리기에 바쁘다. 그림 그릴 시간도 넉넉지 않은데 다른 일까지 할 시간이 없다. 같은 이유로 체력 소모도 있다. 그림 그리기에 온전히 모든 것을 투자하고 싶지 다른 일로 낭비하고 싶지는 않다. 그래서 그런지 작업실의 환경은 썩 좋지 못하다. 작업실 위생이나 정리되지 않은 짐들은 백종원 대표님이 보신다면 '아이고~더러워라' 하시며 혀를 찰 것이다. 혼자서 작업실을 쓰기에 나 혼자만 참고 넘어가면 되기에 여태껏 문제 삼지 않고 그냥 넘어갔다.

백종원 대표님은 아마도 그런 부분들부터 지적하실 것이다. 이전까지의 골목식당들도 그랬듯이 매장을 청소하고 사용하지 않는 짐들을 정리하고 나면 내가 보아도 매장이 환해 보인다. 그렇게 깨끗한 공간에서 신선한 재료들로 요리를 하면 음식 맛이 훨씬 좋아질 것이다.

맛있는 음식을 위해서는 쾌적한 공간 관리가 중요하듯 좋은 그림 또한 공간 관리가 중요할 것이다. 최근에 작업실을 짝꿍과 함께 사용하기로 하였다. 원래 짝꿍은 집에서, 나는 작업실에서 그림을 그렸었는데 짝꿍이 큰 작업을 위해 작업실로 나오면서 작업실을 함께 사용하게 되었다. 이번 기회로 '집을 위한 시간'과 같이 '작업실을 위한 시간'으로 짧은 시간이어도 조금씩 작업실을 일을 하고자 마음먹었다.

공간을 운영한다는 것은 그만큼 노동이 필요한 법이다. 그동안 미뤄왔던 작업실 관리를 이번 기회를 통해 꾸준히 하려 한다. 쾌적한 공간에서 좋은 그림이 나오는 법일 테니까.

옆집 아저씨가 예술가래~!!

미술 전공을 하고 꾸준히 작업하여 이제는 약 10년 정도 경력이 쌓인 화가가 되었다.

그동안 '어떻게 화가가 되기로 결심했었는지?'에 대한 질문을 꽤 많이 받았었다. 하지만 그 질문에 제대로 답을 하지는 못했다. '그림이 좋아서' 라기에는 너무 불순한 목적으로 미술을 시작했었고 '그림에 재능이 있어서' 라기에는 너무도 형편없는 실력에 나조차 놀랄 때가 많았다. 그림을 그리지 않으면 안 되는 이유가 나에게는 없었다. 그저 어쩌다 보니 계속하게 되었고 그러다 보니 자연스레 화가가 되어 지금까지 하고 있는 거라고 그렇게 에둘러 말할 뿐이었다. 그런 나에게 좀 더 정확하게 화가가 되기로 한 계기를 떠올리게 해준 기회가 있었다.

예술인복지재단에서 진행하는 '예술로' 사업 참여가 바로 그 기회였다. 예술인의 복지를 위한 예술로 사업의 여러 가지 형태 중 '기획사업'으로 사전에 어떤 프로젝트를 진행할지 미리 계획하여 팀을 꾸려 신청하는 것이 있다. 운 좋게 선정이 되어 2019년 기획사업에 참여하게 되었다. 그때 우리는 나를 포함한 5인의 예술가로 구성되어 '예술노가다'라는 팀명으로 월간 페이퍼를 제작하였다. 팀원이 한 명씩 돌아가며 월간 페이퍼의 주인공이 되었는데 그중 나는 직업으로서의 미술가에 대한 이야기를 하였고 그 첫 번째 질문이 '어떻게 화가가 되기로 결심했는지?'였다. 이번에도 마찬가지로 별다른 계기는 없었다고 그저 첫 번째 개인전을 치르며 그래도 포기하고 싶지는 않아서 작업을 계속하려고 일 년에 한 번씩 개인전을 하자고 목표를 세웠고 그 목표를 지키다 보니 자연스레 화가가 되어 지금까지 하고 있는 거라고 그렇게 말했었다.

그 얘기를 듣고 '그렇다면 일 년에 한 번씩 개인전을 하자는 그 목표를 세운 것은 언제인지?'라는 질문을 주셨다. 한 번도 거기까지 생각해 본 적은 없었다. 그 말을 듣고 처음으로 그때가 언제였는지 떠올려 보게 되었다.

이전까지 나는 별다른 계기 없이 화가가 되었다 생각했었는데 따지고 보면 꾸준히 작업을 하자고 결심한 것이 내가 화가가 되기로 결심했던 것이다.

다음은 그때 월간 페이퍼에 실었던 인터뷰 글의 전문이다. 그때는 지면이 부족해 다 담지 못했던 이야기들을 이번에 만들어지는 내 책에서 자유롭게 담아본다.

Q. "아저씨, 정말 예술가에요?"

김동길 : 네. 제 직업은 미술가에요.

Q. 미술가는 어떤 직업이에요?

김동길 :

대학교 다닐 때 강사 선생님께서 하셨던 말씀이 기억나요.
'한 번쯤 해볼 만하다'라고.
언제든 떠나고 싶을 때 자료 사진 찍는다는 핑계로 훌쩍 떠나서 여행도 하고 경치도 보고 가끔 사진도 몇 컷 찍고 그렇게 놀다 질릴 때쯤 돌아와 여행하면서 모은 자료를 바탕으로 내가 좋아하는 작업도 하고 그렇게 작품 모아서 전시 열어 작품 팔고, 이것보다 더 좋은게 어디 있겠냐고. 한 번쯤 해볼 만한 것 같다고.
그런 말씀을 하셨던 기억이 나요.
물론 그 선생님은 그래도 좀 젊은 나이에 작품이 팔리기 시작해 여유가 좀 있으셨죠. 그때 선생님 강의를 듣던 학생이었던 제가 학교를 졸업하고 1년에 한 번씩 개인전을 열어 벌써 개인전 5회 경력의 미술가는 되었지만 선생님만큼 작품을 팔지는 못하네요.

미술작품으로 수입은 없지만 그래도 여기까지 작업을 계속했네요. 저도 만약 누군가 미술가라는 직업에 대해 묻는다면 그때의 선생님과 마찬가지로 '한 번쯤 해볼 만한 직업'이라고 말해주고 싶어요.

Q. 언제 미술가가 되어야겠다고 결심했나요?

김동길 :

첫 번째 개인전을 열었을 때가 2014년도 3월이에요.
아직도 기억이 나요. 전시를 준비하던 그 해 1월에 강릉에 눈이 엄청 많이 왔었어요.
2주 동안 쉼 없이 눈이 내렸어요.
개인전 날짜는 다가오고 시간이 빠듯해 눈길을 헤치고 실기실로 나갔죠. 그때는 아직 대학원에 재학 중이어서 대학원 실기실에서 개인전 준비를 하고 있었는데 대학원 실기실은 대학교 내에서도 구석진 곳에 위치한 예체대 건물 뒤편에 가건물 형식으로 되어 있었어요.
눈길을 헤치고 걸어서 겨우 도착한 실기실에서 아직도 끊임없이 내리는 눈을 보며 따뜻한 커피 한 잔을 마시며 생각했었던 것 같아요.

'이것도 재밌네, 이렇게 작업하며 사는 것도 나쁘지 않을 것 같아. 올해 첫 번째 개인전을 시작으로 매년 최소 1회씩 개인전을 열자. 그러면 개인전 때문에라도 계속 작업을 하겠지.'라고 그때는 꾸준히 작업하자라는 생각으로 다짐했었는데 지금도 '개인전을 열자'는 그 다짐을 지키기 위해 계속 작업을 하고 있네요.

지금 생각해 보면 그때가 내가 작가로서의 삶에 첫발을 내디뎠던 때가 아닌가 싶어요.

그리고 그날 그렇게 열심히 작업할 것처럼 눈길을 헤쳐 도착한 실기실에서는 정작 체력이 다해 작업은 손도 못 대고 커피만 한 잔 마시고 돌아왔어요.

Q. 미술가의 하루 일과는 어떤가요?

김동길:

미술가마다 다르겠지만 저는 아침을 일찍 시작하는 편이에요. 보통 6시에 일어나 커피 한 잔 마시며 하루 일과를 시작해요. 집에서 해야 할 일들을 마치고 9시 30분쯤 작업실에 나가요. 아무리 늦어도 10시 전에는 작업실에 도착해서 보통 6 ~ 8시간 정도 작업을 하고 집으로 돌아와요.

작업실에서의 일과는 전시회를 기준으로 조금씩 바뀌는 것 같아요. 지금 개인전이 3개월 정도 남았는데 하루 6 ~ 8시간의 작업은 조금 적거든요. 작업하는 시간을 늘려야지 하는데 하루아침에 확 바뀌지는 않네요. 조금씩 시간을 늘려 전시 한 달 전까지는 보통 하루에 10 ~ 12시간 정도 작업을 하다가 전시가 한 달도 남지 않은 시점이 되었을 때 그제서야 발등에 불이 떨어진 것처럼 집에도 못 가고 작업실에서 붙잡혀 잠도 못 자며 울면서 작업을 하게 돼요. 그럴 때면 내가 왜 그때 놀았을까, 하루에 한 시간씩만 더 했어도 이 고생은 안 할 텐데 하면서 후회하며 다신 그러지 말아야지 하고 생각을 하는데 매년 전시 준비 막바지에는 똑같은 풍경으로 똑같은 생각과 똑같은 후회를 하고 있는 저를 발견하네요.

미술가의 하루 일과는 정해진 틀 없이 자유롭게 시간을 사용하는 것 같아요. 그것이 가장 큰 장점이자 동시에 가장 큰 단점이기도 해요. 누구도 터치하지 않는 자유로움에 점점 나태해지기 쉽거든요. 다른 일과 마찬가지로 미술가 또한 나태해지지 않고 꾸준히 성실히 작업하는 사람이 성공하는 것 같아요.

Q. 미술가로서 가장 행복할 때는 언제예요?

김동길:

제가 좋아하는 영화 중에 '월터의 상상은 현실이 된다'라는 영화가 있는데요.

주인공 월터가 잃어버린 필름을 찾기 위해 사진가 숀을 만나러 길을 떠나요. 우여곡절 끝에 드디어 사진가 숀을 찾아가 만나는 장면에서 숀은 눈 표범을 카메라에 담을 셔터찬스가 왔음에도 셔터를 누르지 않고 그 순간을 월터와 함께 보기만 하는데요. 왜 셔터를 누르지 않느냐는 월터의 질문에 '가끔은 그저 보기만 해'라고 숀은 대답을 하죠.

저는 이 장면이 가장 마음에 와닿았는데요.

정말 최고의 순간은 그 어떤 방해도 받지 않고 오롯이 혼자서만 간직하는 사진가의 마음을 저도 알 것 같아요.

전시회를 위해 작품을 준비하지만 작품이 전시장에 나가면 작업실에서 보던 것과는 달리 보여요. 작품도 낯선 공간이라 긴장을 하고 있다는게 느껴져요. 작품이 긴장하지 않고 마음껏 자신을 뽐내는 곳은 역시 작업실이라 생각해요. 제 작업실에서 제 손에 작품이 완성이 되는 그 순간이 제 작품의 가장 빛나는 순간이라고 생각해요. 그때는 저도 다른 일은 모두 멈추고 한동안 그림에 빠져드는데요.

이것은 오로지 저만 누릴 수 있는 비싼 사치라고 생각해요.

미술가였기에 누릴 수 있는 사치인 거죠.

Q. 미술가를 포기하고 싶었던 순간이 있었나요?

김동길:

포기하고 싶다는 생각은 거의 항상 가지고 있는 것 같아요.

'내가 왜 이 길을 택해서 많은 사람들을 고생만 시키고 있지' 하는 생각에 지금이라도 다른 일을 찾아볼까 하는 생각을 거의 매일 하는데 이때의 포기하고 싶다는 마음은 작업과는 별개의 외적인 요인으로 드는 생각이라 작업을 시작하면 금세 잊히긴 하는데요.

매년 개인전을 치르고 나면 '내 작품이 이것밖에 안 되나' 하는 생각이 들어요. 작품에 대한 실망감, 내가 가진 미술적 재능에 대한 의심 등으로 포기하고 싶다는 생각이 드는데 그때는 내가 하는 작업에 대한 직접적인 요인으로 포기하고 싶다는 생각이 들어요. 그렇게 되면 그때는 다시 작업을 할 수 있기까지 오랜 시간 방황하게 돼요.

좌절하고 실망하고 내가 가는 길이 맞는 길인가 끊임없이 의심하며 힘든 하루하루를 버티며 살아가죠.

긴 터널의 끝에 방황을 끝내고 다시 작업을 시작할 수 있게 되었을 때는 내가 한 계단 더 성장했다고 느끼지만 방황 중일 때는 너무나 힘들죠. 그렇게 매년 반복하며 지금까지 개인전을 열었고 또다시 새로운 개인전을 준비 중입니다.

Q. 앞으로 어떤 미술가가 되고 싶으세요?

김동길:

언제나 성실히 작업하는 미술가가 되는 것이 첫 번째 목표예요. 한 가지 일을 성실히 한다는 것이 정말 쉬운 일은 아닌 것 같아요. 날이 좋은 날에는 작업실보다는 바다나 산으로 놀러 가고 싶고 기분이 안 좋은 날은 이 핑계 저 핑계 대가며 집에서 쉬고 싶어요. 사실 그러기도 하고요.

꾸준하게 성실히 작업하는 미술가가 되는 것이 첫 번째 목표로 지키려고 노력하지만 생각처럼 잘 지키고 있지는 못해요. 그래서 두 번째 목표로 최소한 내 작품 앞에서 떳떳할 수 있는 미술가가 되고자 해요.

전시장에서 관람객께서 아무리 작품이 좋다는 이야길 들어도 저 자신은 알고 있거든요. 전시장에 걸린 작품을 제작할 때 제가 조금 더 노력할 수 있었다는걸, 조금 더 할 수 있었는데 스스로 게을러서 멈추었다는 것을 제 자신은 알고 있거든요. 그렇기 때문에 관람객분들이 아무리 좋은 말씀을 해 주셔도 저는 부끄러워 작품 뒤로 숨고 싶을 뿐이에요.

제가 게을러지지 않고 할 수 있는 최선을 다한 작품 앞에서는 제가 떳떳해질 수 있어요. 그런 작품이 저 스스로도 만족할 만한 작품인 거죠. 아직은 그런 작품들이 많지 않은데 앞으로는 저 스스로 최선을 다한, 제가 작품 앞에 떳떳할 수 있는 그런 작업을 하는 미술가가 되고 싶어요.

Q. 전시장을 관람하는 팁이 있다면?

김동길:
전시장이라는 장소가 관람객에게 조금 더 자유로운 공간이었으면 좋을 것 같아요.

작가가 자신의 작업실에서 자유롭게 상상의 나래를 펼쳐 만들어 낸 작품을 관람객분들께 소개해드리는 자리가 전시장이죠. 작가보다 관람객분들이 주인공인 곳이 전시장이라 생각해요.

작가가 마음껏 상상의 나래를 펼친 작품을 관람객분들 또한 마음껏 상상의 나래를 펼쳐 감상해 주시면 됩니다. 정해진 규칙 없이 보이는 데로 보고 들리는 데로 듣고 전시장이라는 공간 자체를 즐겨 주시면 되는 거죠.

다만 조금 더 자유로운 상상의 나래를 펼치기 위해 작가가 준비한 작품을 꼼꼼히 살펴봐 주시기를 부탁드려요.

멀리서 작품의 전제적인 모습을 보고 가까이서 세부적인 모습을 천천히 감상하다 보면 작가가 이번 전시회를 위해 얼마나 많은 준비를 하였는지 알 수가 있을 거예요. 그리고 만약 전시장에 작가가 직접 상주하고 있다면 작품에 대한 설명을 부탁드리는 것도 좋을 거예요. 작가가 전시장에 머물고 있다는 것은 자신의 작품을 직접 소개하고 싶어 하는 것이니 부담 갖지 마시고 작가에게 말 걸어 주세요. 그렇다면 작품에 대한 작가의 생각도 들을 수 있을 테니까요.

눈이 아닌 마음을 훔쳐라.

앞서 말했듯 짝꿍과 나는 그림을 그리는 화가이다. 서로 공통된 분야에서 일을 하다 보니 우리 대화의 반 이상은 그림과 관련된 주제이다. 짝꿍과 나눈 이야기 중 '관객들은 귀신같이 다 알아본다.'라는 말을 한 적이 있다. 그 말이 무슨 뜻인지 설명하자면 이렇다.

A 와 B 두 작품이 있다고 가정하였을 때 두 작품 모두 같은 작가의 작품으로 같은 스타일에 같은 완성도의 작품이다. A 와 B 두 작품의 차이점은 A 작품은 작가가 아직 무엇을 해야 할지 정확히 알지 못해 많이 헤매이며 완성한 작품이다. 작가 자신이 추구하는 완성형이 어딘지 몰라 이것저것 많은 시도를 해본다. 그중에는 작가가 실수한 부분도 있고 필요 이상으로 진하게 들어간 부분, 미처 신경 쓰지 못한 부분들이 있다. 오랜 시간 A 작품을 붙잡고 많은 고민과 많은 시행착오를 겪으며 A 작품을 완성하였다.

반면 B 작품은 깔끔하다. A 작품의 제작 경험을 통해 실수 없이 강조해야 할 부분에서 힘 있게 들어가고 간결해야 할 부분에서 긴장을 풀어 부드럽게 넘어간다. 기술적으로 군더더기가 없다.

이렇게 A 와 B 비슷한 스타일의 두 작품을 함께 전시장에 걸어두면 처음에는 A 작품에는 흠집도 있고 어둡게 분위기가 내려가 있는 것에 반해 B 작품은 깔끔하고 화사해 B 작품에 먼저 눈길이 가지만 오랜 시간 관객을 붙잡고 있는 작품은 A 작품이다.

A 작품을 제작하며 작가는 수많은 시행착오를 겪었다. 수많은 고민과 여러 시도들을 했을 것이다. A 작품을 붙잡고 괴로움에 몸부림 쳤을 것이다.

돌파구를 찾기 위해 작가가 애썼던 흔적들이 흠이 아니라 관객들에게 작가의 감정을 전달해 주는 통로가 된다. 모를 거라 생각했던 부분들을 관객들은 모두 알아봐 주신다. 작가가 부끄럽고 감추고 싶은 부분들도 관객들은 모두 알고 있다.

A 작품이 관객들의 마음을 붙잡았다면 B 작품은 A 작품과 기술적인 완성도에서 별 차이가 없음에도 A 작품만큼 관객을 붙잡아 두진 못한다. 관객들은 눈길은 주지만 그걸로 끝이다. 관객의 눈을 훔칠 수는 있어도 마음을 훔치지는 못한다.

작가도 모르는 것을 관객분들이 어떻게 알 수 있는 것인지 나도 잘 모르겠다. 하지만 나도 똑같은 관객 입장이 되어 전시회를 관람하다 보면 똑같이 알게 된다. 잘 그린 것 같아도 그냥 지나치게 되는 작품이 있고 어설퍼 보이는데도 그 앞에서 한참을 서성이게 하는 작품이 있다. 아마도 작가의 마음이 전해진 것이리라.

비슷한 이야기는 또 있다.

한국, 중국, 일본 세 나라의 도자기를 모아 전시회를 열면 처음에는 한국의 도자기는 눈에 들어오지도 않는다. 중국 도자기의 화려함에 놀라고 일본 도자기의 정교함에 놀란다. 하지만 마지막으로 전시장을 빠져나오면 고개를 돌려 다시 한번 보게 되는 것은 한국 도자기. 특히나, 조선백자의 담백하고 소박한 아름다움이라고 한다.

최근 진행했던 '청년미술상점'에서 나는 감동적인 경험을 했다. 내 작품을 구매해 주신 분이었는데 그 전날에도 다녀가셨다고 하였다. 그분이 내게 해주신 말이 '어제 상점을 보고 갔는데 집에 가서도 계속 작품이 생각나 오늘 다시 왔다'고 하시며 작품을 구매해 주셨다. 그전까지는 일면식도 없는 내 상점에 누군가 오로지 작품을 보기 위해 다시 한번 방문해 주신 경험은 처음이었다. 그것은 그 어떤 경험보다 내 마음을 울려주었다.

내 작품이 누군가의 마음을 이토록 강하게 붙잡을 수도 있구나, 너무도 놀랍고 감격스러웠다.

작업을 더 열심히 해야겠다고 다시 한번 다짐한다.

관객의 눈을 훔치면 잠깐이지만 마음을 훔치면 오래간다.

관객의 눈이 아닌 마음을 훔칠 수 있는 작품을 더 하고 싶다.

1년 동안 지어진 하얀 벽돌집.

지금 사는 집에 처음 이사 왔을 때는 집이 정말 넓게 느껴졌다. 그때는 혼자였고 짐도 많지 않아서 말소리가 울릴 정도로 집이 썰렁하기만 했다. 그 다음 해 나와 평생을 함께할 짝꿍이 들어왔고 다섯 마리의 고양이 가족들도 생겼다. 일곱(사람 둘, 고양이 다섯)의 대가족이 된 것이다. 그러고 나니 혼자 살 때 그리 넓었던 집이 이제는 좁게 느껴질 때가 많다. 그럴 때면 나중에 어떤 집에서 살면 좋을지 미래의 집을 꿈꾸게 된다.

방은 세 개, 화장실은 둘, 드레스룸은 꼭 있어야 하고 주방이 컸으면 좋겠다. 집 앞에는 마당이 있고 고양이들이 마당과 집을 자유롭게 드나들며 생활한다. 마당을 가로질러가면 독립된 건물로 작업실이 있어서 언제든 집에 다녀갈 수 있으면 좋을 것 같다. 이렇게 내가 살고 싶은 집을 머릿속으로 그려 본다.

이렇다 보니 자연스레 다른 집들이 지어지는 모습을 관심 있게 보게 되었다. 어떤 집이 어떻게 리모델링 되고 어떤 부지에 몇 층짜리 건물이 생기는지 나중에 살고 싶은 집을 위해 세심하게 봐둔다. 그러던 중 아파트 근처의 오래된 단층집을 철거하는 것을 보게 되었다. 이곳에는 또 어떤 집이 지어질지 궁금해하며 그 앞을 오고 갈 때면 한 번씩 들여다 보았는데 공사를 시작한 지 꽤 시간이 지났음에도 지반 공사만 하고 있어 지하주차장을 만드는 것인가라고 생각했지만 그저 지반을 다지는 데 오랜 시간이 걸렸을 뿐이었다. 또 시간이 한참 지났을 때는 주위 산들을 정비하며 축대를 쌓고 있었다. 초여름에 시작한 공사가 가을로 접어들었을 때 회색의 콘크리트 건물 뼈대가 올라가기 시작하였다. 콘크리트로 뼈대가 잡힌 3층 건물의 형태가 생겼을 때 이제 곧 겨울이라 공사를 서두를 만도 할 텐데 오히려 그대로 공사가 멈추었다. 시공업체가 부도라도 난 건가 궁금해하며 그렇게 잊고 있었는데 다음 해 늦은 봄 공사가 다시 시작되었다.

건물 뼈대를 마무리하고 단열재를 붙이고 건물 외벽은 하얀색 벽돌로 한 장 한 장 느리게 쌓아 올라갔다. 그렇게 3층 건물이 완성되었다. 아니 완성됐다고 생각했다.

밖에서 보았을 때는 완성돼 보였는데 그렇게 한참을 더 공사를 하더니 이제 또다시 건물 밖의 주변 공사를 시작하였다. 건물 주위로 쌓았던 축대들을 다시 손보고 건물로 들어오는 길을 다시 정비하였다. 그래도 부족한 부분이 있었는지 기껏 새로 만든 부분을 부수고 그곳을 계단으로 만들어 사람이 들어오는 길을 새로 만들었다. 그렇게 매번 끝난 것 같으면 굴삭기, 덤프트럭 등의 중장비가 들어와 한 번씩 더 공사를 진행하였다.

그렇게 한 여름이 지날 때쯤 하얀색 벽돌로 지어진 3층 건물이 드디어 완성되었다. 오랜 시간 고민하여 정비하고 만들어진 만큼 보기만 해도 너무 이뻤다. 아마도 1층은 상가로 세를 줄 테고 위층에는 주인집에 쓸 것이다 예상하며 1층에 카페가 생기면 딱이겠다 카페 생기면 꼭 가서 구경해야지 하며 기다리는데 나라면 당장이라도 세를 주어 월세를 받았을 텐데 그 뒤로도 자잘한 공사가 끊이질 않고 계속되었다.

결국 몇 달이 더 지나서야 임대를 알리는 현수막이 붙었고 누가 봐도 신경을 많이 쓴 게 티가 나는 건물이기에 현수막이 붙은지 이틀 만에 현수막은 떼어지고 곧 건물에 어울리는 카페가 생겼다.

이 건물이 지어지길 기다리는 동안 이 건물보다 늦게 공사를 시작해 먼저 완성되는 건물들을 많이 보았다. 보름도 안 되어 단층집이 만들어지는 것도 보았다.

오해가 있을까 미리 밝히지만 나는 건축에 있어 문외한이다. 단순히 시간이 오래 걸려야 튼튼하게 만들었고 공사 기간이 짧은 것은 대충 만든 건물이라는 뜻은 절대 아닐 것이다. 충분히 가능하기에 상황에 맞춰 알맞은 속도로 전문가들이 건물을 지었을 것이다.

약 1년의 시간 동안 건물이 지어지는 모습을 보았다. 건축

주가 누구 인지는 모르겠지만 건물이 지어지는 각 단계별로 많은 고민을 했음이 느껴진다. 충분히 시간을 들여 고민하고 어떤 방법이 좋을지 결정하여 진행한다.

만약 건물이 잘못 지어졌다면 아마도 나는 거기에 들어간 비용과 앞으로 들어갈 비용을 생각하며 참고 살았을 것이다. 참고 살며 두고두고 후회했을 것이다. 하지만 이 집의 건축주는 나와는 달랐다. 비용을 아끼기 보다는 과감히 부수고 다시 짓는 방법을 택했다. 그렇게 건물로 들어가는 입구부터 하나하나 세심하게 고민하며 지어진 건물은 누가 보더라도 그 태가 나는 것 같다.

질보다 양인가? 양보단 질인가?

나의 나이는 삼십대 중후반이다. 예전 이십대 때에는 정말 잘 먹었다. 왕성한 식욕과 끝내주는 소화력으로 식탁에서는 항상 끝까지 숟가락을 놓지 않았다. 그때 나에게 '질보다 양인가? 양보단 질인가?' 질문을 하였다면 고민 없이 양이 우선이라고 대답했을 것이다. 하지만 이제는 예전 같지 않은 소화력으로 그때처럼 많이 먹지는 못한다. 식탐은 여전한데 소화력이 예전 같지 않아 항상 소화가 덜 된 더부룩한 느낌이다. 그것이 이제는 좀 적응이 되었는지 음식을 고를 때 예전처럼 무조건 양 많이가 아니라 어차피 많이 먹지 못하는 거 맛있는 것으로 먹자는 주의로 양보다 질을 우선하게 되는 추세이다.

그림 작업도 마찬가지이다. 양보다 질을 우선시해 일단 많이 하기보다는 머릿속으로 생각을 많이 하고 작업을 하는 편이다.

대학교 학생 시절 선생님으로부터 들은 이야기다.

자신의 수업에서 A 와 B 두 그룹으로 나눠 드로잉 과제를 냈었다고 한다. A 그룹은 양보다 질을 기준으로 드로잉 과제를 평가하였고 B 그룹은 질보다 양을 기준으로 드로잉 과제를 평가했다.

결과는 A 그룹은 드로잉 작품의 질을 높이기 위해 열심히는 했지만 질을 너무도 우선시한 나머지 제대로 된 드로잉

한 점도 채 완성하지 못한 학생들이 많았던 반면 B 그룹은 질보다 양을 우선시한 평가 기준으로 초반 드로잉 작품은 별 볼일 없는 것이 많았지만 학기말이 될수록 드로잉 작품의 수준이 높아져 질을 우선시한 A 그룹 보다 훨씬 수준 높은 드로잉을 몇 점씩 완성했다는 이야기이다.

사실 확인을 할 수는 없기에 이 이야기가 사실인지 거짓인지 알 순 없지만 이 이야기에서 B 그룹의 실력이 훨씬 늘었을 것이라는데 100% 동의한다. 동의'만' 한다.

빙상의 여왕 김연아의 인터뷰 내용 중 그런 이야기가 있다.

"무슨 생각을 해, 그냥 하는 거지"

맞다. 그냥 하면 되는 것이다. 누구보다 많이, 그냥 하면 되는 것인데 나는 너무 생각이 많다.

무슨 일을 하기 전에 머릿속으로 그 과정들을 떠올려 본다. 어떤 방법으로 시작하여 어떤 과정을 거쳐 어떻게 완성을 할지 머릿속으로 몇 번씩 반복하여 전 과정들을 진행시켜 본 후 실제로 일을 진행하는 성격이다.

이러한 방법으로 진행했을 때 초반 과정은 누구보다 잘 하는 편이다. 초반이니까 과정 자체도 쉽고 머릿속으로 생각했던 것과 큰 차이도 없기에 초반 과정은 쉽게 익히는 편인데 중반부터 문제가 생긴다. 머릿속으로 생각했던 것과 차이가 생기기 때문이다. 과정도 점점 복잡해지고 예상했던 것과 다른 결과가 나오면 당황하게 된다. 무엇이 문제인지 또다시 생각하게 되고 고민만 하며 시간을 보내는 동안 함께 시작했던 친구들이 하나, 둘 나를 앞서가게 된다. 그러면 나는 포기하고 또 다른 새로운 것을 찾아왔다. 그래서 이것저것 시작만 하고 결과를 맺지 못한 일들이 수 없이 많다. 경험한 것 자체로 득이 되었다 스스로 위안 삼지만 그것이 문제 해결이 되지는 못하였다.

어떠한 일이든 시행착오는 있기 마련이다. 초반부터 시행착오를 겪으며 넘어져도 다시 일어나는 힘을 키워 그 힘으로 중후반 과정에서 오는 시련들을 이겨내야 하는 것인데 나는 너무 쉽게 초반 과정을 지나치고 마주한 중반 과정에서 오는 시련을 뛰어넘을 힘을 키우지 못했던 것이다.

무조건 많이 경험해 봐야 실력도 키울 수 있는 것이다. 앞서 말한 B 그룹의 아이들도 처음에는 드로잉 작품의 양을 많아 보이게 하려고 종이 쪼가리에 그저 끄적인 것들도 모두 모았을 것이다. 처음에는 한 번 끄적거린 것, 다음에는 그보다 조금 더 끄적거린 것, 또 그다음, 그다음 그렇게 반복하여 드로잉을 하며 그 과정에서 시행착오를 겪고 더 나은 방법들을 찾아갔을 것이다. 앞에 한 드로잉 작품들을 발판 삼아 그보다 조금씩 더 나아가다 보니 수준 높은 드로잉 작품을 할 수 있었을 것이다. 반면 A 그룹은 처음부터 완벽

한 작품을 생각하며 드로잉을 하다 보니 중간에 오는 시행착오들을 넘어갈 힘을 기르지 못해 제대로 된 드로잉 한 점도 채 못했을 것이다.

선생님이 해 주셨던 이 이야기에 동의'만' 하고 있다.

왜냐하면 많이 해야 한다는 것을 알고 많이 하려 하지만 정작 나는 어떤 것을 어떻게 많이 해야 하나 고민을 하고 있다. 머리보다 몸을 써야 하는데 또다시 몸보다 머리가 먼저 움직이고 있는 것이다.

'생각하지 마, 그냥 해!'

누군가에게는 강자일 수 있다.

나는 내가 약자라고 생각하며 살아왔다. 돈도 없고 사회적 지위도 없으며 나를 뒷받쳐 줄 배경도 없기에 나는 약자라고 생각하며 살았다. 왜냐하면 그것이 편하기 때문이다.
큰 힘에는 큰 책임이 따르는 법.
강자가 된다면 내가 나서서 지켜야 할 책임이 따라붙기 마련인데 약자가 되면 그것에서 벗어날 수 있다. 오히려 내가 강자들에게 핍박받은 피해자의 입장이 되어 내가 하는 행동들이 불합리한 세상에 맞서는 약자의 울분이라 생각하면 내가 생각없이 했던 행동들이 모두 정당해 질 수 있었다.
나는 여러 세대가 함께 사는 아파트에 살고 있다. 그중 우리 집은 1층이다.
집이 1층이면 여러 가지 장단점이 있다. 엘리베이터를 안 기다려도 된다거나 집에서 마음껏 뛰어다닐 수 있는 장점이 있다면 반대로 1층이기에 생기는 단점도 있다. 밖에서 피우는 담배연기가 그대로 집 안으로 들어온다거나 집 앞에서 떠드는 소음들이 가장 잘 들리기도 한다. 그중 위층에서 버리는 쓰레기로 한참을 고생했던 적이 있다.
몇 층에서 누가 어떤 이유로 쓰레기를 버렸는지 아직도 모른다. 음식물 쓰레기, 비닐봉지 등 위층에서야 베란다 밖으로 쓰레기를 버리면 그만이지만 1층에 사는 우리는 누군가 그 쓰레기를 치우지 않는 이상 창밖으로 계속하여 그 쓰레기가 보인다. 한 번 눈에 들어온 쓰레기는 아무리 시선을 돌려봐도 가장 먼저 눈에 들어와 신경을 거스르게 한다. 거의 1년간 누군가의 고의적이고 악질적인 쓰레기 투기가 계속되다가 지금은 조금 잠잠해졌다. 범인은 아직 잡히지 않았다.

쓰레기 투기가 이제 막 시작되었을 때. 매일 밤마다 위층에서 누군가 버린 비닐봉지, 담배꽁초, 쓰고 버린 휴지 등의 쓰레기가 1층인 우리 집 앞에 쌓여 있었다.

어쩌다 한 번도 아니고 매일 밤마다 쓰레기를 버려대니 이 문제를 알려야겠다는 생각이 들어 경비 아저씨께 말씀드렸다. 나는 어떻게든 이 일을 알려 이 문제를 해결하고 싶었다.

내 말을 듣고 경비 아저씨는 나와 함께 쓰레기 투기 장소로 나오셨다. 나는 경비 아저씨께 여기저기 쓰레기가 버려진 장소들을 가리키며 내가 이렇게 피해를 보고 있음을 계속하여 어필하였다.

쓰레기 버리는 사람을 잡아 주길 바라며 경비 아저씨께 말씀드렸지만 경비 아저씨는 씁쓸하신 표정으로 말없이 맨손으로 내가 가리킨 쓰레기들을 주우셨다. 쓰레기를 다 주우시고 경비 아저씨는 나에게 '관리사무소에 말해 방송 한 번 해달라고 얘기할게요' 라며 나를 달래고 원래 자리로 돌아가셨다.

'어! 이게 아닌데' 하며 마음이 이상해졌다. 누군가 지속적으로 집 앞에 쓰레기를 투기한 일은 처음이기에 경비 아저씨께 말씀드리면 이 문제를 해결해 주실 거라 생각했었다. 하지만 그것은 참 순진한 생각이었다. 여러 세대가 함께 거주하는 아파트에 사는 이상 쓰레기 투기로 생기는 문제는 비일비재했다. 나는 처음이었지만 경비 아저씨는 이런 일을 많이 겪어 보셨을 것이다. 그저 자신의 손으로 누군가 버린 쓰레기를 치우며 항의하는 입주민을 달래는 수밖에 없을 것이다.

관리사무소에 이야기해도 마찬가지였다. 누가 쓰레기를 버리는지 CCTV가 없는 곳이라 알아낼 수도 없지만 설사 알아낸다 하더라도 입주민과 문제가 생기는 것을 바라지는 않기에 문제 삼지 못 하였을 것이다. 그저 경비 아저씨를 불러 입주민이 보기 전에 자주자주 둘러보고 쓰레기를 치우라고 한마디 하는 것이 다일 것이다. 결국 경비 아저씨의 일만 늘어나는 것이다.

90년대 중반에 처음으로 아파트에 살기 시작했다. 그때는 지금처럼 현관에 도어록이 있어 비밀번호를 누르고 들어가는 것이 아니었다. 꼭 열쇠로 열어야 하는 문이었다. 그렇기에 집안의 누군가 외출하게 되면 열쇠를 경비 아저씨께 맡기고 외출하였다. 그럼 나는 경비 아저씨에게 들려 열쇠를 받아 집으로 갔었는데 어느 추운 날에 경비 아저씨께서 잠시 외출하셨는지 경비실이 잠겨 있었다. 집에도 못 들어가고 경비실도 잠겨 있어 그저 밖에서 떨고 있었는데 얼마 지나지 않아 경비 아저씨께서 돌아오셔서 밖에서 기다리는 나를 보고 따뜻하게 손을 잡아 주시며 '오래 기다렸지?' 하고 걱정해 주며 난로에 불을 쬐게 해주었던 기억이 있다. 그때의 그 따뜻한 기억에 나는 경비 아저씨를 보면 마치 할아버지 같은 따스함을 떠올리게 되었다.

이번에도 마찬가지로 나는 친구와 싸우고 할아버지에게 이르는 손자처럼 경비 아저씨에게 쓰레기 투기에 대해 말씀드렸다. 하지만 경비 아저씨 입장에서는 많이 달랐을 것이다. TV 뉴스를 보면 경비 아저씨에게 갑질, 폭행하는 입주민에 대해 자주 기사로 나온다. 우리 아파트 경비 아저씨에게도 나는 그런 입주민 중에 한 명 이었으리라. 지금은 친절하지만 언제 돌변하여 폭행을 행할지 모르는 뉴스에 나오는 것 같은 입주민의 위치에 나는 있었다. 나는 예의를 갖춰 경비 아저씨께 나의 피해를 알렸지만 실상은 우리 아파트 내에서 가장 '을'의 위치에 있는 경비 아저씨께 가장 '갑'의 위치에 있는 입주민이 쓰레기 투기 문제로 항의한 것 뿐이다.

이전에 누군가 버렸던 쓰레기도, 아파트 전체에 굴러다니는 쓰레기들도 모두 경비 아저씨가 하루 일과로 쓰레기를 주우시며 아파트 청결을 관리하고 계셨다. 나는 내 손으로 내 집 앞의 쓰레기 한 번 치워본 적 없으면서 내가 가장 피해자라고, 내가 가장 약자라고 하면서 나보다 더 약자의 입장에 있을 수밖에 없는 경비 아저씨를 괴롭혔던 것이다. 내가 아무리 아니라 해도 나는 이미 강자이다. 신체 건강하고 남성으로 태어난 것만으로 나는 이미 충분히 강자이다. 내가 피해 보는 것보다 아무 생각 없이 한 행동으로 남에게 피해를 주는 것이 더 많은 강자이다.

내가 받는 피해보다 내가 누군가에게 피해를 주고 있지는 않은지 다시 한번 생각해 보자.

밥 한 끼 잘 먹었습니다.

지금 보고 계시는 '참, 많이 헤매서 다행이다'의 책 한 권 가격은 9,000원이다. 내가 대표로 있는 '물고기이발관'이라는 출판사 이름으로 발행되어 독립출판물 형식으로 유통될 예정이다. 출판사의 대표라고 했지만 어차피 나밖에 없는 1인 기업이기에 책 가격은 내가 내 마음대로 정하는 것이란 소리이다.

이제는 많은 분들이 알고 계시지만 아직 독립출판물에 대해 잘 모르시는 분들을 위해 간단히 설명하자면 책의 기획부터 판매까지 작가가 직접 발품 팔며 일하고 있다는 말이다. 보통 책은 '인세'라는 말로 책의 작가에게 원고료를 준다. 책 한 권을 기준으로 봤을 때 기존의 책을 제작하여 '인세'를 받는 것보다 독립출판물 형태로 판매하는 것이 작가에게 돌아가는 수익은 크다. 하지만 수익이 큰 만큼 작가는 책의 제작부터 유통 및 재고관리까지 책임져야 할 것들이 많다. 그래도 기존의 유명 작가가 아닌 글을 발로 쓰는지 엉덩이로 쓰는지 모르는 나와 같은 일반인들도 책을 만들어 독립출판물 서점을 통해 독자들과 만날 수 있는 기회가 생긴다는 것은 참 감사한 일이다.

어찌 됐든, 그래서 나는 책 가격을 9,000원으로 정했다. 책 제작에 들어가는 비용을 생각하면 절대 나올 수 없는 가격이지만 책의 디자인은 디자인을 전공한 짝꿍에게 부탁하여 남부럽지 않은 디자인으로 만들어졌고 인쇄는 강원문화재단의 지원금으로 인쇄비 부분을 충당할 수 있었다. 덕분에 많은 부분에서 비용을 아낄 수 있었지만 그것이 아니어도 내 글의 가치가 아직 1만원을 넘지는 않는다고 생각해 1만원 이하로 책 가격을 책정하였다.

그렇다고 책이 1권 팔렸을 때 나에게 9,000원의 수익이 생기는 것은 아니다. 이 책을 구입해 주신 서점들과 계약을 통해 수익을 7:3 혹은 6:4 정도의 비율로 나누고 있다. 또한 책을 발송하는 발송비와 홍보용 샘플 책자들을 생각하면 책 1권당 평균 5,000원 정도의 수익이 내 통장으로 들어온다.

이번에 내가 찍어낸 책들이 모두 팔리면 일반 직장인의 한 달 치 월급 정도가 될 것이다. 그것이 한 번에 들어오는 것은 아니고 전국의 책방으로 나눠져 몇 년에 걸쳐 조금씩 들어온다. 책이 재미없다면 몇 년이 지나도 안 팔릴 수도 있다. 나의 첫 번째 책 '개인전을 열다'는 그렇게 몇 년째 내 작업실에서 재고로 쌓여있다.

독립출판물 제작자인 어느 시인이 했던 말이 생각난다.

'오늘 원래 오징어짬뽕 먹을 거 책 한 권 팔리면 중국집 짬뽕 한 그릇을 먹을 수 있다.' 라는 말을 했다.

나는 그 말이 독립출판물의 현실을 가장 잘 표현했다고 생각한다.

내가 만드는 이 책이 팔리지 않아도 나는 굶어 죽지는 않을 것이다. 아직 어딘가에는 내가 할 수 있는 일이 있을 것이다. 그럼에도 독자님 덕분에 책이 한 권 팔린다면 그만큼 나의 생활은 나아질 것이다. 오늘 저녁 내 식탁에는 맛있는 반찬이 하나 더 오를 테고 그동안 미뤄왔던 생필품들을 살 것이다. 돈이 없어 못 샀다기 보다는 아직 참을 수 있어 조금만 더 쓰자 했던 것인데 막상 사려니 돈이 아까워 안 사고 미뤄뒀던 것들을 책이 판매되어 수익이 생긴다면 그 돈으로 그것들을 살 예정이다.

그러니 독자님들께 전합니다.

구입해 주신 책 한권,

어딘가의 이름 모를 예술가에게 밥 한끼 대접했다고 생각해 주세요.

여러분 덕분에 저도 오늘 맛있는 밥 잘 먹었습니다.

지키지 못한 자존감.

한 통의 전시 섭외 전화를 받았다. 전시 내용, 시간, 장소 등의 전시 관련 설명을 들었다. 그중 나를 흥분시키는 게 하나 있었다. 바로 작가비였다.

그동안 예술 한답시고 그림을 그리지만 그림이 판매되는 것도 아니고 그림으로 수익을 내는 게 하나도 없었다. 화가라 칭했지만 그림으로 돈을 못 벌기에 다른 일들을 밥벌이 수단으로 생계유지를 했었다. 이는 비단 나뿐만이 아니라 수많은 예술가들 중 상위 1%를 제외하고는 다들 마찬가지일 것이다. 그렇게 돈도 안 되는 일을 계속하고는 있었는데 이번 전시 섭외를 통해 내가 하는 일이 이제는 돈을 받으며 하는 일이 된 것이다. 비록 그 대가가 '미술창작대가기준' 하에 얼마 되지 않는 적은 금액일지라도 지금 나에게는 내가 하는 일이 돈을 받을 수 있을 만큼 가치가 된다고 인정받은 것 같아 가슴이 벅차올랐다.

너무나 기뻐 이 순간을 기억하고 싶어 전시 섭외자한테 지금 말한 내용들을 문서로 보내 달라고 요청하였고 며칠이 지나 작가비를 지급한다는 내용이 담긴 문서를 이메일로 받을 수 있었다. 별도의 계약서는 작성하지 않았다.

허나, 사람 일이 마음 같지는 않은 법인가 보다.

사람을 어찌나 우습게 보았길래 그렇게 행동하였는지 아직도 이해가 되지 않는다.

전시 시작부터 끝까지 많은 일들이 있었다. 하지만 다른 것보다 내가 돈을 받고 예술 활동을 한다고 증명해 준 전시였기에 내가 받을 작가비 하나만 바라보며 그때까지 있었던 여러 가지 일들은 모두 참았다.

전시가 마무리되고 2주 정도 지나서 작가비 지급에 대한 어떠한 연락도 없어 직접 연락을 하여 작가비 지급은 어떻게 되는 것인지 물었다.

전시 관계자로부터 돌아온 대답은 전시 예산이 감액되어 작가비 지급이 감액되었다고, 처음 전시 섭외할 때 예정이라고 얘기했을 거라는 어처구니없는 답변이 돌아왔다. 분명 나에게는 작가비를 지급한다는 서류를 보내주었는데 이런식으로 말을 바꿀 거라고는 생각도 못했다.

화가 나고 어이가 없었다. 지금까지 받았던 대접들을 여태껏 참아왔던 건 작가비 지급이란 하나의 이유 때문이었는데 그 부분을 지급 못 하겠다고 하니 그동안 참아 왔던 것들이 한꺼번에 터져버렸다.

내가 할 수 있는 조치들을 알아보고 민원과 예술인심문고를 통해 억울함을 호소하였다.

민원 쪽은 아무런 도움이 되지 않았다. 이미 몇 번 민원을 적어 보았던 경험이 있기에 자신들이 불리한 상황에서 공무원이 어떻게 일처리 하는지는 익히 알고 있었다. 혹시나

하는 마음에 민원을 올렸었지만 역시나였다. 의외로 도움이 되었던 곳은 예술인심문고였다. 예술인심문고에는 두 가지 형태의 사건 분류가 있었다. 그중 나는 부당행위에 해당할 거라 생각되어 그 부분으로 작성하였지만 계약서가 없다면 부당행위로 인정되기 어렵다는 답이 왔다. 그러면서 계약서를 작성하지 않았기에 계약서 미작성의 처벌 사유는 인정된다고 하여 계약서 미작성에 대한 사건으로 다시 접수를 하였다.

작가비 지급에 대한 연락을 주고받고 예술인심문고의 사건 접수까지 며칠이 걸렸는데 그 사이 전시장 측에서 연락이 왔다. 나에게는 없다던 예산이 갑자기 어디에서 생겼는지 작가비를 지급할 테니 받아 가라는 연락이 왔다. 더군다나 그 금액은 처음 '미술창작대가기준'으로 계산했을 때 나온 대략적인 금액의 두 배 정도에 해당하는 금액이었다.

짜증이 났다. 화가 치밀어 올랐다.

이렇게 쉽게 줄 수 있는 돈이면 진작에 주었으면 좋았을 것을 왜 사람을 비참하게 만들었는지 모르겠다. 그래도 일단 돈은 받으려고, 잘 못 한건 사람이지 돈은 죄가 없기에 전시장에 찾아가 작가비 지급을 요청하였다.

혹시나 해서 갔지만 역시나 뭐 하나 깔끔하게 진행되는 일은 없었다. 그냥은 못 주겠고 작가비 지급받으려면 계약서에 사인해야 하고 이 사건에 대해 원만히 합의했다는 합의서를 요청하는 것이었다.

어떻게 하는 것이 잘 하는 것인지 판단이 서질 않아 일단은 그대로 돌아왔다. 집으로 돌아와 사건을 접수한 예술인심문고에 문의를 하였다.

내가 계약서에 사인을 하고 작가비를 지급받게 되면 사건은 어떻게 처리되는 것인지 물었다. 돌아온 답변은 이미 계약서를 작성하지 않고 일을 진행했기에 이 부분 사건 접수되어 있고 과태료 처분이 될 것이다. 다만 내가 작가비를 지급받았을 경우 전시장 측에서도 사건 해결을 위한 노력이 있었기에 감경사유가 되어 과태료의 일부를 감경 받을 수 있다는 답변이었다.

이것도 매우 화가 났다. 나는 내가 받아야 할 돈을 받았을 뿐인데 그것이 왜 감경사유가 되는 것인지. 잘못은 다 해놓고 당연히 해야 할 일을 한 것으로 사유를 만들어 감경해 준다니 말 같지가 않았다.

씩씩대며 전시장에서 받아온 계약서랑 합의서를 다시 보았다.

전시장에서는 나도 긴장이 되어 제대로 읽어 보지도 못했는데 집에 와 다시 계약서를 보니 그제야 글이 좀 눈에 들어왔다. 하나하나 읽어 가는데 웬걸 몇 줄 읽지도 않았는데 계약서에는 나에게는 꼭 해야 한다는 강제적 표현이 되어 있고 전시장 측은 하기만 하면 된다는 아무런 강제 요소가 없었다. 교묘하게 내가 불리하고 전시장은 유리하게 되어 있었다.

헛웃음이 나왔다.

상식이라고 생각해 당연히 모두가 지킬 거라 생각해왔던 것들이 모두 무너져 내렸다. 어떻게 해서든 자신의 잘못은 감추고 없었던 일로 만들려고 하는 전시장과 내가 상식으로 알고 있던 잘못된 행위들이 법 조항 한 문장에 그것이 잘못이 아닌 행위가 될 수도 있는 세상이 정말 내가 알던 그 세상이 맞나 싶었다. 그리고 이러한 일들이 낯선 타지도 아니고 십여 년간 나의 기반이 되어 예술 활동을 지속해 왔던 지역에서 벌어지고 있으니 참 씁쓸하였다. 여태껏 이 지역에 애착을 갖고 꾸준히 해왔던 예술 활동들이 참 바보같이 느껴졌다.

무엇을 위해 여태껏 그림을 그렸을까 다시 한번 생각하게 해주었다.

그리고 이 사건은 아직도 현재진행형이다. 처음 사건 접수할 때부터 오래 걸릴 거라는 얘기를 들었지만 정말로 이렇게 오래 걸릴 줄은 몰랐다. 이 일과 관련하여 최근에 문화체육관광부 관계자를 만나 사건에 관한 이야기를 다시 한

번 했다. 그래도 이분은 답답한 예술인의 마음을 어느 정도는 이해해 주고 계셔서 편하게 이야기할 수 있었다.

결과가 나오면 연락을 주신다 하셨는데 아직인거 보니 처리하는데 시간이 더 걸리는 것 같다. 이렇게 글로 또 한 번 쏟아내고 나니 한결 더 후련해졌다.

내가 십여 년간 예술 활동을 했던 지역에서 이런 경험을 하고 나니 작가 생활을 그만두어야 하나 심각하게 고민했었다. 아마도 이곳에서 다시 전시회를 하지는 않을 것 같다.

기술의 발전은

나를 기다려 주지 않는다.

얼마 전 내가 살고 있는 강릉에서 '강릉문화재야행'이라는 축제가 열렸다. 코로나 시국에 사회적 거리 두기로 제대로 진행되는 축제가 없었는데 단계적 일상 회복을 위한 절차로 바뀌며 제대로 된 축제가 진행될 수 있었다. 코로나만 아니었다면 크고 작은 많은 축제들이 열렸을 텐데 코로나로 인해 취소되거나 축소되어 그동안 구경 다운 구경을 제대로 하지 못해 답답해 하며 구경거리에 대한 갈증을 느끼고 있었다. 그것은 다른 사람들도 마찬가지였는지 오랜만에 나간 축제 현장에는 강릉에 사람이 이렇게 많았었나 하고 놀랄 만큼 많은 사람들이 있었다.

오랜만에 보는 큰 행사라 나도 짝꿍도 눈을 반짝이며 축제 구경과 축제를 보러 온 많은 사람들을 구경하며 축제를 즐겼다. 공연장 세 군데에서 각기 진행되는 공연도 보고 스탬프 투어에 참여해 기념품도 받았다. 그렇게 정신없이 구경을 하다 보니 슬슬 때가 되었다. 우리가 오늘 이 자리에 나온 목적까지는 아니지만 그래도 나온 김에 한 번쯤 꼭 보고 싶었던 '드론쇼'의 시간이 다 돼갔다.

지난 2018년 평창올림픽에서 '드론쇼'가 사용되었다는 것을 알고는 있다. 그 뒤로 접할 기회가 없어 '드론쇼'는 먼 나라의 이야기라 생각하며 잊고 있었는데 지인으로부터 이번 강릉문화재야행에 '드론쇼'가 진행된다는 이야기를 들었다. 예전과 달리 이제는 제법 그림이 나와 볼 만하다는 말을 듣고 나니 그것이 어떤 모습일까 궁금해졌다. 그래서 사람 많은 곳을 싫어함에도 초겨울의 추위를 참아가며 곧 이어질 '드론쇼'를 기다렸다.

그리고 곧 시간이 되어 '드론쇼'가 시작되었다.

처음에는 어디에서 시작되는지 몰라 방향을 못 찾고 우왕좌왕하였는데 사람들의 시선이 향하는 곳을 더듬어 따라가다 보니 하늘에 떠 있는 드론을 볼 수 있었다. 그렇게 강릉의 밤하늘에는 500대의 드론이 펼치는 화려한 쇼가 진행되고 있었다.

드론이 하늘을 날며 그리는 그림들은 제법 볼만했다. 강릉의 이곳 저곳의 랜드마크들을 보여 주는데 한눈에 알아볼 수 있게 그림이 선명하였다. 지인이 했던 말대로 제법 볼만했다.

그날 밤 우리는 난생처음으로 '드론쇼'라는 것을 보았다.

드론쇼를 처음 본 나의 감상은 '두려움'이었다. 그 옛날 하늘을 나는 비행기를 처음 본 원시인의 기분이 이랬을까. 밤하늘에 떠다니는 드론의 움직임은 여태껏 보지 못했던 처음 보는 움직임이었다. 본 적이 없어서 그랬을까. 내가 알지 못하는 것에 대한 두려움이었다. 약간의 신기함과 화려함이 있었지만 두려움이 가장 컸다.

드론쇼의 뒤에서 강릉관아 건물에 프로젝트로 빛을 쏘아 영상을 보여주는 맵핑도 선보이고 있었다. 맵핑 또한 나에게는 최신 기술이고 나는 아직 그것도 적응 못하고 있는데 세상은 나를 기다려 주기 않고 벌써 하늘에 그림을 그리고 있다 생각하니 더욱 겁이 났다.

돌아가는 길에 짝꿍과 많은 이야기를 나눴다. 매번 우스갯소리로 우리는 정신 똑바로 차리고 살아야 한다고 말한다. 기술 발전은 순식간이고 그 기술을 우리에게 가르쳐줄 자식이 없으니 나중에 고생하지 않으려면 정신 똑바로 차리고 살아야 한다며 농담으로 한 얘기들이었는데 오늘 드론쇼를 보고 나니 이곳이 정말 내가 알던 세상이 맞나 싶은 생각이 들었다. 드라마에서 주인공이 타임슬립으로 과거에서 현재로 왔을 때 어떤 기분이었을지 조금은 알 것 같은 마음이었다.

집으로 돌아오는 길, 밤하늘에 걸린 달은 참 이뻤다. 갑자기 몰아닥친 한파에 서둘러 옷을 갈아입는 나무들과 붉게 물든 단풍잎의 색은 너무나도 고왔다. 드론쇼나 맵핑을 보며 한 번도 떠올려 본 적 없는 생각을 초록과 붉은색이 뒤섞인 단풍잎 하나를 보면 떠올린다.

'단풍잎이 참 예쁘다. 색이 너무도 곱다.'

청년미술상점.

지난번 전시장에서 그 일을 겪고 나서('지키지 못한 자존감' 참조) 나의 자존감은 바닥을 향해 떨어지고 있었다. 뭐 하나 제대로 되는 일도 없고 전시회를 하려 해도 또 그런 일을 겪게 될까 시도조차 못하였다.

가장 큰 문제는 내가 작업을 계속하는 것이 맞는지 정말 큰 고민에 빠졌다.

그림을 그려서 돈도 못 벌고 십 년간 이 지역을 기반으로 활동하였는데 그런 곳에서 사기에 가까운 일을 당하고 나니 내가 지금 왜 이 일을 계속하고 있는지 의문이 들었다.

나를 증명하고 싶었다. 내가 정말 그것밖에 안 되는지 내가 어느 정도 능력을 갖고 있는 사람인지 확인해 보고 싶었다.

그때부터 '아트허브' 사이트에 들어가 작가 공모란에 올라와 있는 글들을 확인하며 조건이 된다 싶으면 일단 지원하였다. 이렇게라도 나를 증명하고 싶었다.

그나마 다행인 것은 초반에 지원한 곳들 중 꽤 여러 곳에서 회신이 왔다. 그중 한 곳이 예술의 전당에서 진행하는 '청년미술상점'이었다. '청년미술상점'이란 일주일에 2명씩 작가를 선정하여 예술의 전당 로비의 한쪽 공간에서 전시가 아닌 상점 형태로 자신의 작품을 소개 및 판매하여 판매수익금은 모두 작가가 가져가는 방식으로 예술의 전당에서 운영하고 있는 프로그램이다.

공모 지원서를 적을 때 신청했던 날짜들에는 선정되지 못하였지만 다른 날짜에 빈자리가 있는데 상점 운영이 가능한지 연락이 왔다. 고민할게 뭐가 있을까 예술의 전당인데, 당장 하겠다고 답하였다.

청년미술상점 참여에 앞서 상점 운영에 관한 사전 미팅이 진행되었다.

예술의 전당이기에, 너무도 거대한 곳이기에 그곳에서 일하는 관계자라면 얼마나 목에 힘을 주고 다닐까, 지방에서 올라온 나 같은 건 상대도 안 해주겠지. 지난번과 같은 일을 당하면 어떻게 하나 정신 바짝 차려야겠다. 생각하며 걱정 반 긴장 반으로 사전 미팅을 하기 위해 예술의 전당으로 향했다.

다행히 나의 걱정과는 달리 예술의 전당에서의 사전 미팅은 아무 문제 없이 진행되었다. 나와 같은 기간에 상점을 함께할 다른 작가분과 함께 사전 미팅이 진행되었다.

목에 엄청난 힘을 주고 나타날 거라 생각했던 관계자분은 세상 친절하여 어리바리한 나의 질문에 친절하게 답해주셨고 지방에서 온 작가라 무시하지도 않으셨다. 또한 전시 관련 설명도 작품 운반, 설치 및 철수, 차량 주차까지 세심하게 분류하여 항목별로 설명을 하시고 설명을 들은 것에 작가가 직접 체크하며 상점 관련 내용을 하나부터 열까지 단계별로 자세히 설명해 주셨다.

너무 좋았다. 너무 좋았고 감사했다.

내가 존중받는 기분이었다.

어찌 보면 당연한 일처리 과정일 텐데 나는 이런 것을 처음 경험해 보았다. 항상 전화로 대충 설명하고 내가 필요한 것은 먼저 얘기해 주지도 않고 내가 질문하면 그제서야 깜빡했다며 어물쩍 넘어가는, 그래서 내가 정신 차리지 않으면 받아야 할 것도 못 받는 바보로 만들어 버리는 사람들만 겪었었는데 예술의 전당에서의 경험은 그런 사람들과 달랐다.

기본적으로 지켜야 할 것을 지켜주는 것만으로도 이렇게 기분 좋은 일이란 것을 알게 해주었다. 그렇게 기분 좋은 첫인상으로 시작한 청년미술상점은 그 결과도 좋았다. 처음 내가 지원한 날짜에 선정되진 못하였지만 빈자리로 들어간 그 날짜는 예술에 전당에서 진행되는 미술계의 거장 '피카소'의 전시 마지막 날짜와 맞물려있어 정말 많은 사람들이 예술의 전당에 방문하였다. 덕분에 나의 작품도 많은 분들께 선보일 수 있었고 판매 성적도 좋아 준비해 간 작품의 절반 정도는 판매할 수 있었다.

내 작품을 원하는 사람이 있음을, 내 작품을 보고 멋지다 말해주며 작품을 보기 위해 또다시 상점에 반문해 주시는 분이 있음을, 내 작품도 돈을 받고 판매할 가치가 있음을 알게 해주었다.

청년미술상점을 진행하는 동안 내가 받았던 작가로서의 존중 덕분에 나는 힘을 얻었다.

내가 다시 작업을 할 수 있게 힘을 주었다.

그때 만났던 관계자분, 나와 상점을 함께한 작가분, 청년미술상점에 다녀가신 많은 관객분들께 이 자리를 빌려 감사한 마음을 전합니다. 그리고 내가 힘들 때나 즐거울 때 언제나 내 옆에서 힘이 되어준 내 짝꿍에게 이 말을 전합니다. "언제나 고맙고 항상 사랑합니다."

살아남기 위해 필요한 것.

나는 인상이 좋은 편이 아니다 항상 웃고 있어야 그나마 조금은 봐줄 수 있는 정도이고 아무 표정을 짓지 않으면 뚱해 보이는데 이건 누구나 그렇겠지만 나는 조금 정도가 심하다. 인상이 험악해 보이는 많은 이유가 내 얼굴 안에 들어 있겠지만 눈 꼬리가 쳐져서 그렇게 보이는 거라고 한 가지 이유뿐이라고 스스로 납득하며 시력이 그리 나쁘지도 않음에도 외출할 때는 꼬박꼬박 안경을 써서 내 얼굴의 험악함을 감추었다. 하지만 그럼에도 뚫고 나오는 굿은 인상과 굳이 감추려 하지 않는 싫은 내색은 상대방으로 하여금 나에게 쉽게 접근할 수 없게 한다.

그런 나를 귀엽다 말해주는 것은 아마도 내 짝꿍뿐일 것이다.

나를 귀엽게 봐주는 짝꿍과 오랜만에 마트에 갔다. 마트는 내가 좋아하는 공간이다. 진열된 상품들을 구경하고 잘 손질된 식료품을 보며 어떤 음식을 만들어 볼지 머릿속으로 상상하는 것이 즐겁다. 그리고 마트에 많은 사람들이 있음에도 서로에게 관심도 주지 않고 각자의 볼일만 생각하며 서로 필요한 물건들을 카트에 담아내는 게 재미지는 공간이라 생각된다. 그래서 일부러라도 마트에 와 장도 보고 진열된 상품들의 화려함을 느끼고 돌아가곤 한다.

다시 돌아가, 오랜만에 짝꿍과 마트에 갔다. 마트라는 공간은 사람이 많음에도 서로에게 관심이 없다 했는데 우리에게 많은 관심을 보이는 분들이 사실은 있다. 내 인상이 험악함에도 그 험악함을 뚫고 말을 거시는 분들이 있다. 냉동식품 코너 쪽에 많이들 계시는데 사실 식품 종류와는 관계없이 마트 내 어디에든 계신다.

바로 식료품 매니저님들이다. 각각의 식료품 상표마다 매니저님을 파견하여 각 상품의 판매율을 올리기 위해 노력하신다. 마트에서 장을 보기 위해 카트를 밀고 다니면 '슥' 보는 것만으로 카트 안에 상품들을 파악하여 자신이 판매하고 계시는 상품을 추천해 주신다.

우리의 카트 안을 '슥' 보는 행위에 짝꿍과 둘이 만들어 먹을 둘만의 오붓한 저녁식사가 방해받는 기분이다. 타인에 의해 우리의 행위가 훔쳐 보이는 듯해 불쾌할 때도 있다.

'괜찮습니다'라고 에둘러 표현한 거절 의사에도 계속 우리를 따라다니며 상품을 권유할 때 '저희가 알아서 고르겠습니다'라며 확실한 거절 의사를 표현한다. 그럼에도 마지막까지 자신의 상품을 권유할 때는 짝꿍도 나도 기분이 상하기도 한다.

분명한 거절 의사를 표현했는데도 왜 그렇게까지 권하는 것일까? 한차례 기분 나쁨의 쓰나미가 지나간 후 다시 한번 그 상황을 떠올려 본다.

내가 좋은 인상이 아니라 쉽게 말 걸기도 어려웠을 텐데 그렇게까지 계속 권한다면 손님 입장에서 싫을 수 있다는 것을 본인도 잘 알고 있을 텐데 그럼에도 그렇게까지 자신의 상품을 권하는 이유는 아마도 '생존'이 걸렸기 때문일 것이다.

매니저님의 수익과 관련한 시스템을 나는 하나도 모른다. 그저 하나라도 더 팔면 그만큼 수익이 생길 거라 단순하게 생각해 본다. 한 개의 판매량을 높이기 위해 끝까지 포기하지 않는 것이다.

그 모습을 보며 나의 행동을 반성해 본다.

나는 그림이 판매 안 된다고, 내 그림을 봐주는 사람이 없다며 소비자 탓을 한다.

그림을 걸어둔 전시장은 상품을 진열한 마트와 다를 바 없다. 그림을 팔아야 먹고사는 입장에서는 나와 매니저님이 다를 바 없다. 손님이 오면 내가 판매하는 상품에 대해 설명하고 장점을 이야기해 구매로 이어지도록 하는 것이 나의 역할이거늘(누가 대신해 주지 않는 이상) 나는 늘 전시장에서 뒷짐지고 작가랍시고 으스대기나 하고 이마저도 전시장에 나와 있을 때 이야기지 전시장에 꼬박꼬박 나가 있지도 않았다. 그러면서 그림 사는 사람이 없다 투덜 대기만 한다.

마트에서 결국 매니저님이 권하는 상품과 다른 상표의 상품을 집어 카트에 담는다. 매니저님의 안타까워하는 눈빛이 잠시 우리를 향하다 이내 다른 손님에게로 자신의 상품을 권하기 위해 다가가신다. 매니저님과 나의 처지가 다를 바 없지만 매니저님과 내가 다른 가장 큰 부분은 '절실함'이다. 나에게는 매니저님과 같은 절실함이 필요한 것이다.

그런 로망이 있다.

나에게는 그런 로망이 있다.

애니메이션에 나오는 실눈 캐릭터 같은 숨겨진 능력에 대한 로망이다.

애니메이션의 흔한 클리셰처럼 우연한 계기로 어떤 일을 해야 할 때, 주변에서는 나에게 아무런 기대도 안 하지만 시작하고 나면 나의 숨겨진 능력으로 누구보다 잘 하는 것으로 마무리될 때 주변 사람들은 깜짝 놀라는 반응을 보이는 그런 상황에 대한 로망이 있다.

그림을 그리는 화가가 본업이지만 외국어를 잘하는 나의 모습, 악기 연주를 잘 하는 나의 모습, 스포츠를 잘 하는 나의 모습 등을 상상하며 사람들에게 감추어진 능력을 키우기 위해 이것저것 다른 분야에 시간 투자를 많이 했다. 일본어, 체스, 플루트, 튜바, 검도 등 여러가지 재주를 익히기 위해 노력했었다.

하지만 여기에는 크나큰 계산 착오가 있었다.

나에게는 그만한 재능이 있지 않았다.

꾸준히만 하면 당연히 잘 할 거라 생각했던 본업인 그림이 생각보다 실력이 안 는다는 점, 마찬가지로 이것저것 사방팔방으로 익히느라 무엇 하나 열심히 하지 않았기에 다른 분야의 실력들도 하나도 늘지 않았다. 이런 식으로 해서는 나의 로망은커녕 본업도 제대로 못 할 것이란 걸 30대가 넘어서야 알게 되었다.

그제서야 부랴부랴 그림에 집중해 시간을 투자하고 있지만 앞이 깜깜하다.

언제 성공해서 언제 다른 것을 배워서 언제 나의 로망을 실현 시킬 수 있을까.

실현 시키기 힘든 그런 로망이 있다.

떨어진 공모전의 심사평이 위로가 된다.

최근 들어 여러 공모전에 지원하고 있다. '화가'로서의 나 자신을 인정받기 위함이었는데 이전의 나는 공모전은 모두 장사속이라 생각하며 눈길도 주지 않았다.

20대 때 어떤 공모전의 스텝으로 아르바이트를 한 적이 있다.

그때야 돈은 없고 시간은 많으니 불러주는 곳이 있으면 어디든 갔었다. 공모전의 작품 접수부터 작품 심사, 작품 설치 및 철수 등 공모전 진행의 대부분의 과정을 옆에서 돕는 일이었다. 그곳에서 공모전이 어떻게 진행되는지 자세히 보았기에 공모전에 대한 환상이 깨져버린 것 같다.

공모전의 진행과정은 간단했다. 공모지원자들의 작품을 접수받아 작품 심사를 위해 한 작품씩 펼쳐 놓는다 그러면 심사위원들이 돌아다니며 1차로 '특선'에 올라갈 작품을 선정한다. '특선' 작품이 몇 작품인지는 공모전마다 다르다. 정해진 특선의 개수를 심사위원 수대로 나눠 각 심사위원들이 개수에 맞게 선정한 '특선' 작품을 모아 그중 '우수' 작품을 선별한다. 이 과정이 각 파트별로 진행되어 그렇게 모인 각 파트의 '우수' 작품을 모아놓고 모든 심사위원이 모여 투표를 통해 '대상'과 '최우수'를 정한다. 이 과정에서 시스템상의 큰 문제는 없다. 하지만 옆에서 스텝으로 일하면서 내가 느낀 몇 가지의 허점이 있다.

첫째, 느리게 심사하는 심사위원.

파트별 심사과정에서 내가 맡았던 서양화 파트는 네 명의 심사위원이 각각 세 개씩의 '특선' 작품을 선정하기로 하고 심사를 위해 돌아다니는데 다른 심사위원들은 하나둘 특선 작품을 선정하고 있는데 계속 돌아다니기만 하고 한 작품도 선정하지 않는 심사위원이 있었다. 결국 다른 심사위원이 각각 세 개씩의 특선 작품을 모두 선정하고 나서야 마지막으로 특선 작품 세 작품을 선정하였다.

여기서부터는 내 추측이다. 내가 알기로 그 심사위원은 이 지역에서 활동하는 예술가다. 타지역에서 온 심사위원들이 객관적으로 특선 작품을 선정하였다면 그 심사위원은 객관적이 아닌 주관적 친분으로 심사를 했던 것 같다. 작품 선별 과정에 신중함을 가하기 위해 심사가 늦어진 것이 아니라 공모접수자 중 자신과 친분이 있는 사람이 셋은 넘기에 다른 심사위원들이 선정한 특선 작품들을 모두 확인한 뒤 자신이 선정해야 할 세 작품을 연달아 선정한 것이 아닐까? 왜냐하면 자신과 친분 있는 사람들 중 다른 심사위원이 한 작품이라도 특선을 주게 되면 그만큼 다른 작품에 '특선'을 주기 쉬워지기 때문에 그랬을 거라 나는 추측한다.

다시 한번 말하지만 위 사항은 나의 추측이다.

둘째, 말빨이 센 심사위원.

각 파트에서 '우수' 작품을 뽑아 모두들 한자리에 모였다. 모든 파트의 심사위원들이 모이니 스무명 가량의 인원이 되었다. '대상' 작품을 선정하기 위해 각 파트별로 대표자가 한 명씩 나와 자신들이 선별한 우수 작품이 왜 대상으로 선정되어야 하는지 그 이유를 설명해야 한다. 심사위원들은 모두 서로의 눈치만 본다. 저들도 나랑 똑같은 사람이구나 많은 사람들 앞에 나서는 자리가 부담스러웠을 것이다.

눈치 싸움을 통해 억지로 대표자가 된 사람들이 앞으로 나와 한 사람씩 돌아가며 작품에 대한 설명을 한다. 그중에는 내가 봐도 작품에 대해 제대로 설명 못 하는 심사위원이 있는가 하면 유창하게 설명하는 말빨이 센 심사위원도 있다. 설명이 끝나고 투표를 통해 대상 작품을 선정하였는데 아까전 말빨이 센 심사위원이 유창하게 설명한 작품이 '대상'으로 선정되었다. 말빨 센 심사위원을 만나는 것도 운이 좋아야겠다고 생각한다.

누군가 내 작품을 위해 자신 있게 나서서 작품을 설명해 줄 사람이 있을까? 있다면 그 사람은 말빨이 센 사람이면 좋을 것 같다고 속으로 상상해본다.

셋째, 나머지는 모두 입선.

'특선', '우수', '최우수', '대상'으로 선정되지 못한 작품들은 모두 입선이었다. '입선'의 가치가 꽤 큰 줄 알았는데 공모전 접수비만 내면 받을 수 있는 것인 줄은 몰랐다. '입선'이 그런 것이었구나 알게 되었다.

이상의 이유로 나는 공모전이란 장사속이다 생각하며 그동안 공모전에는 한 번도 지원해 보지 않았다. 하지만 지원금을 받기 위한 공모사업에는 꾸준히 지원하였다.

공모전이든 공모사업이든 양쪽 모두 떨어지면 기분이 좋지 않은 것은 똑같을 것이다. 도대체 내가 왜 떨어진 것인지 알고 싶어 심사평을 찾아본다. 모든 심사평이 똑같다.

'예산이 부족하며 선정하지 못하였습니다.'

화가 난다. 울화가 치밀어 오른다.

예산이 넉넉하면 누가 공모를 진행하겠느냐 신청하는 대로 지원금을 교부하지. 예산이 한정되어 있으니 변별력을 갖춘 심사위원을 초빙해 한정된 예산 안에서 수상자를 가려달라는 것이고 그 과정에서 어떤 기준을 적용하여 수상자를 선별하였는지 심사평을 통해 알고 싶은 것인데 모두들 하나같이 예산이 부족하다며 돈 핑계만 댄다.

너무도 무책임하다고 느낀다. 예전 공모전 스텝으로 참여

했을 때 보았던 안 좋은 심사위원들이 생각난다. 다들 똑같은 놈들 일 거라 추측한다. 하지만 심사평이 위로가 된 적이 한 번 있다. 예술인복지재단에서의 사업 참여가 그랬었다.

결과가 발표되고 확인한 심사평은 그 분량이 길었다. A4 한 페이지를 넘어 두세 페이지의 분량이었다. 여타의 심사평들과는 달랐다. 수많은 지원 서류들을 일일이 읽어 봤음이 느껴진다. 그중 어떤 기준으로 어떻게 선별하였는지 명확하게 말해주면서도 사업에 함께하지 못한 지원자들도 능력이 부족한 것이 아니라 방향이 맞지 않았음을 이야기하며 그들의 마음을 세세하게 살펴준다.

이런 심사평이라면 내가 떨어진다 해도 깨끗이 승복할 것이다. 이제 더 이상 심사평에 '예산이 부족해 선정하지 못하였습니다.'라는 말은 안 했으면 좋겠다.

나는 얼마나 많은 죄를 짓고
살고 있는 것인가.

시내에서 조금 떨어진 곳에 공사가 시작되더니 대형마트가 하나 생겼다.

마트에서 구경하고 장 보는 것을 좋아하는 나는 기존에 있는 대형마트에 이미 발이 닳도록 다니고 있던 터라 새로운 마트가 생긴다니 기존 마트에 슬슬 질려가고 있었는데 잘 되었다고 좋아했었다.

마트가 오픈을 하고 신나는 마음으로 새롭게 생긴 마트에 갔다.

새로 생긴 마트답게 기존에 다니던 마트에서는 볼 수 없었던 상품들이 나의 눈을 돌아가게 하였다. 아기자기한 상품들과 알록달록한 그릇들을 보며 마음을 빼앗겨 신나게 구경하였다.

그중 어느 유리잔에 시선이 닿았다. 어디서 많이 보았던 잔인데 하며 자세히 보니 요즘 유행하는 유리잔으로 잡지에서도 보았고 지난번 방문했던 카페에서도 보며 예쁘다고 생각했던 유리잔이었다. 곧바로 그 잔을 집어 들고 이리 저리 돌려 보는데 뭔가 묘한 기분이었다.

'이 잔이 이랬었나' 예전 카페에서 사용했을 때는 이렇게 허술하지 않았는데 가격표를 보니 가격도 생각보다 저렴하였다. '어떻게 이럴 수 있지?' 의아해하는데 그 마트의 콘셉트 자체가 그런 것이었다. 어떤 고급 제품을 모방하여 저가의 상품으로 대량생산하는 것이 그 마트의 판매전략이었다. 하지만 가격을 낮추다 보니 상품의 품질 또한 함께 낮춰졌다는 것이 단점이라면 단점이었다. 그것을 알고 다시 한 번 상품들을 보니 묘하게 허술했다. 상품에서 보이는 어설픈 마감, 이뻐 보이긴 하지만 실제 사용하면 불편한 상품들이었다. 그래도 저렴한 가격 덕분에 많이 판매되고 있었다. 이미 내 카트 안에도 눈이 혹해서 담았던 상품들이 여럿 있었다. 카트 안에 주워 담았던 상품들을 보며 생각에 빠졌다. 저 상품들이 과연 어디로 갈 것인가.

겉모습에 혹해 카페나 잡지에서 보았던 모습을 상상하며 집어 들었다. 생각보다 저렴한 가격에 부담 없이 카트에 담았지만 저렴한 상품은 그 이유가 있는 법, 상품의 품질이 너무나도 좋지 않았다. 기분 좋은 상상을 하며 구매하였지만 집에 가서는 한 번 사용하고 집안 구석으로 처박혀 결국 쓰레기통으로 들어갈 제품들이다. 나만 유별난 게 아니다. 모두가 같을 수밖에 없다. 왜냐하면 저렴한 만큼 한 번만 사용해도 망가질 정도의 허술함이었다.

겁이 났다. 도대체 무슨 죄를 짓고 있는 것인가. 저 물건을 만들기 위해 자연을 훼손하고 또다시 물건을 버리기 위해 자연을 망치고 있는 것이다. 작은 마트에서 물건 한두 개 보았을 때는 몰랐는데 대형마트에서 대량의 물건을 직접 눈으로 보고 느끼니 실감이 났다.

우리 집에는 비싼 접시가 있다. 정확히 가격이 얼마인지는 알지 못한다. 수십, 수백만 원 하는 접시는 절대 아니다. 그런데 왜 비싼 접시냐면 내가 대학교를 다니기 위해 자취를 한 적이 있다. 그때 사용하라고 이모가 주셨는데 그때 같이 했던 말이 '이 접시는 비싸게 주고 산 거니까 절대 남 주면 안 된다.'라고 말씀하시면 이모가 아끼느라 찬장에 모셔두었던 것을 꺼내주었다.

가격은 모르지만 비싼 접시라 이름 붙여진 그 접시는 내가 자취하는 동안 유용하게 사용하였다. 결혼하고 새롭게 늘어난 접시들 때문에 지금은 뒤로 밀려나 있지만 그 접시를 보면 그 말을 했던 이모가 생각이 난다.

어떤 물건이 애틋해지려면 정이 쌓여야 하고 정이 쌓이려면 같이한 시간이 길어야 하는 것 같다.

한 번 쓰고 망가지는 물건은 애초도 정도 안 붙었기에 버리기도 쉽다. 오랜 시간 내 손으로 가꾸었던 물건은 그 여운이 오래 남는다. 오래 쓸 물건으로 다시 생각하니 마땅히 살 만한 상품이 없다. 카트에 담았던 상품들을 다시 제자리에 놓고 간식거리만 몇 개 사서 마트를 나왔다.

내가 잡을 '홀드'는 어디에 있을까?

올해 여름에는 코로나로 인해 한 해 연기된 도쿄올림픽이 개최되었다. 코로나로 인해 말도 많고 탈도 많았지만 그래도 올여름을 뜨겁게 달궈주었던 것은 틀림없는 사실이다. 모든 경기에 최선을 다해준 우리나라 선수단 분들과 함께 해주신 많은 스태프분들께 덕분에 멋진 경기들을 볼 수 있어서 감사했다고 전하고 싶다.

올림픽이 시작하면 태권도, 유도, 양궁 경기는 중계방송을 꼭 챙겨 보는 종목들이었다. 경기 자체도 재미있고 금메달도 많이 나오기에 경기를 보면서 나도 힘을 얻기 때문이었다. 또 여자배구는 큰 관심이 없었는데 박진감 넘치는 경기 모습을 보며 이번 올림픽을 계기로 팬이 되었다. 그리고 이번 올림픽을 통해 새롭게 알게 된 종목 중에 스포츠 클라이밍 종목이 있다. 내가 아는 클라이밍은 수직보다 더욱 가파르게 설치된 암벽을 맨손으로 오르는 경기이다. 클라이밍 자체는 알고 있었지만 그것을 '스포츠 클라이밍'이라는 이름으로 정식 경기가 있다는 것은 처음 알게 되었다.

'스포츠 클라이밍'은 스피드, 볼더링, 리드 총 3가지 종목이 있었는데 그중 두 선수가 나란히 서서 정해진 높이까지 누가 먼저 오르는지 스피드를 겨루는 경기를 실시간 TV 중계로 보게 되었다.

수십 수백개의 서로다른 형태의 홀드(암벽에 튀어 나와있는 구조물)를 손으로 잡거나 발로 밟고 몇 십 미터는 돼 보이는 정상까지 오르는데 대부분의 선수가 10초도 안 되는 짧은 시간에 정상까지 올라갔다.

한 경기에 10초 정도밖에 걸리지 않아 빠르게 진행이 되어 매 경기 긴장하며 중계 영상을 관람하였다.

경기를 보는데 재미있었던 점은 어떤 홀드를 잡고 그다음 홀드는 어떤 것을 선택해 암벽을 오르는지는 모든 선수가 다 달랐다. 당연한 얘기지만 모든 선수가 신체구조가 다를 것이고 그렇기에 자신이 편히 잡거나 밟을 수 있는 높이도 제각기 다를 것이다. 어떤 홀드에서 어떤 홀드로 연결되어 암벽을 오르는지 클라이밍은 그 자체로 한 편의 인생 같았다.

나는 미술을 시작하고 가장 많이 들었던 말이 '그렇게 하면 안돼'였다. 가장 자유로울 거라 생각했던 미술이 오히려 정해진 길을 벗어나지 말라고 나에게 강요하고 있었다.

예를 들어 수성물감과 유성물감을 함께 사용하면 안 된다고 하였다. 나는 그것이 왜 안되는 것인지 궁금하였다. 그래서 질문을 했을 때 제대로 된 대답을 받은 것이 없다. 왜냐하면 그것이 정말 안 되는 것은 아니었기 때문이다. 그저 자신이 아는 지식에서 수성물감과 유성물감을 함께 사용하여 그다음 단계로 나아갈 수 없었기 때문이었다. 하지만 누군가는 클라이밍에서 그랬듯 수성물감과 유성물감이란 홀드를 잡고 그다음 홀드로 나아갈 수 있지 않을까?

나는 예전부터 재료에 대한 궁금증이 많았다. 이것저것 남들이 쓰지 않는 재료들을 가져와 여러 시도들을 하였다. 누군가 그 모습을 보고 안 되는 것을 쓸데없이 왜 하냐고, 결과는 뻔히 나와 있는데 왜 사서 고생하냐고 하였지만 그 결과들은 모두 남이 적어 놓은 결과들이다. 내가 한다고 그 결과가 바뀌진 않겠지만 결과가 나오는 과정 속에서 새로운 길이 열리지 않을까? 누구도 몰랐던 나만이 알 수 있는 길이 있지 않을까? 모든 것은 직접 경험해 보아야 할 수 있다.

그림을 그리는 일이 하나의 거대한 암벽을 오르는 클라이밍이라면 어디를 잡고 어떻게 올라갈지 그 홀드는 내가 찾아가는 것이다. 내가 수많은 경험을 하면서 얻은 경험치가 그만큼 여러 개의 홀드가 되는 것이고, 홀드가 많으면 많을수록 그 점들을 어떻게 연결할지 선택의 폭은 넓어진다.

하지 말란다고 얌전히 하지 말고 있으면 그게 정말 바보인 것 같다. 가끔은 청개구리가 될 필요도 있다.

내가 아니면 누구도 나 자신을 책임져 주지 않는다.

나는 고지식한 사람입니다.

앞에서도 잠깐 언급했지만 나는 꽤나 고지식한 사람이다. 가지 말라는 곳은 절대 가지 않고 하지 말라는 것은 안 하는 게 편한 사람이다.

이번에 짝꿍과 함께 어떤 지원사업에 참여하게 되었다. 짝꿍이 대표자로 이번 사업의 전반적인 업무를 처리하고 있고 그중 자신 없어하는 것이 숫자 부분인데 그래서 예산집행에 관한 정산 부분은 내가 담당하여 정리하고 있다.

이번 사업에서 특징적인 것이 '지원금은 비정산으로 진행됩니다.'이다. 이 말은 지원금을 사용하는데 있어 집행내용은 일일이 챙기지 않아도 된다는 말이다. 지원금을 어떤 항목에 얼마를 썼는지 사업을 마무리할 때 한 장의 서류로 정리하여 제출하기만 하면 된다. 하지만 운영기관에서 덧붙인 말이 있다.

'지원금 집행내역이 불분명할 때는 집행 영수증을 확인할 수도 있습니다.'라는 말을 덧붙였다.

여기에서 나와 운영기관의 해석이 많이 다르다.

운영기관 입장에서는 비정산으로 진행되어 편하게 사용하되 제대로 사업에 사용되길 바라며 그런 말을 덧붙였을 것이다. 하지만 나는 저 말이 덧붙여진 이상 언제든 제출할 수 있도록 반드시 항목별로 영수증을 정리해야 하는 것이다. 그 차이로 인해 계속하여 운영기관에 문의를 하고 있다.

문의를 하며 느끼기에 운영기관은 애초에 일일이 확인할 계획은 없는 것 같다. 비정산 사업이기에 예산집행에 있어 제대로 된 가이드 조차 없다. 운영기관에서도 비정산이라고 했는데 왜 이렇게 일일이 문의를 하는지 이해하기 힘들다는 어투다. 하지만 거기에 영수증을 확인할 수도 있다고 하지 않았냐며 예산집행에 있어 이해가 가지 않는 부분을 계속하여 묻고 있다.

이렇게 말했지만 사실 나는 전화 통화하는 것에 공포가 있다. 숫자 정리는 조금 더 자신 있는 내가 하고 있듯 전화문의는 대부분 나 대신 짝꿍이 해주고 있다.

한없이 고지식한 나와 한없이 설렁설렁 일하는 운영기관 사이에서 내 짝꿍은 새우등 터지듯 고생하고 있다.

"짝꿍, 내가 고지식한 사람이라 고생시켜서 미안해. 그래서 오늘 얼마 썼는지 영수증 꼭 챙겨와!"

10만원의 가치.

예술의 전당에서 진행된 '청년미술상점'에서 손바닥 정도 크기의 내 작품을 10만원에 판매하였다. 청년미술상점의 참여 조건이기도 한 10만원 이하 가격의 작품 5점 이상 준비에 맞추느라 내 작품을 10만원으로 책정하면서도 '너무 싸다. 작품 하면서 내가 들인 공이 얼마인데' 하며 아쉬워했었다. 그래도 그 덕분인지 10만원짜리 작품을 포함한 다른 작품들도 꽤 여러 작품을 판매하였다.

나도 작품을 판매하여 수익을 얻는 화가라는 생각이 들어서 그런지 나도 모르게 목에 힘이 들어가고 콧대가 하늘 높은 줄 모르고 솟아올랐다. 청년미술상점이 끝나고 나서도 누군가 10만원으로 책정했던 작품들 중 한 작품을 구매하고 싶다는 연락이 왔을 때도 그러려니 하며 좋은 가격에 잘 데려가는 거라고 생각했다. 그렇게 한 작품을 더 판매하였고 내 콧대는 그만큼 더 솟아올랐다.

내 작품을 판매하고 같은 지역에서 활동하고 있는 도예가의 작업실 겸 매장을 찾았다. 지인분께 선물할 상품을 구입하기 위해 방문하였다. 천천히 구경을 하고 지인분께 선물할 커피잔 두 개와 내가 사용할 커피잔 한 개 그리고 짝꿍이 고른 액세서리 도자기 제품까지 여러 개를 구입하였는데 모두 합하여 총 11만원이었다.

예전에는 마트에 가면 2~3천원짜리 잔이 많은데 몇 만원씩

주고 도자기 잔을 구입하는 것이 이해가 가지 않았다. 하지만 큰맘 먹고 구매했던 잔이 무척이나 마음에 들었다. 나는 손과 발이 작은 편이다. 작지만 통통하여 기성제품으로 나온 상품들은 내 손 사이즈에 맞지가 않았다. 하지만 여기서 구매했던 잔은 내 손에 꼭 맞는 사이즈와 손바닥에 닿는 도자기의 감촉이 너무도 좋아 집에서는 항상 여기서 구입한 잔을 사용하였다. 하지만 그렇게나 마음에 들어 하는 잔인데도 2~3만원 하는 도자기 잔의 가격은 비싸다고 생각했다. 근데 그런 도자기잔 세 개와 액세서리 도자기 제품 세 개를 구입하였는데도 11만원이었다. 처음으로 그 가격이 합당하게 아니 오히려 저렴하게 느껴졌다.

오늘 내가 판매한 작품의 작품 가격이 10만원이었다. 물론 나도 그 작품을 허투루 한 것은 아니었다 그 순간 최선을 다해 만든 작품이다. 하지만 그래도 내가 만든 작품이기에 내 눈에는 항상 부족한 부분이 보인다. 그런 작품을 나는 10만원에 판매하였는데 이렇게 손에 쥐는 것만으로도 행복감을 주는 도자기 잔은 하나에 2~3만원이었다.

작가님의 노고를 느낄 수 있다. 내가 작품을 하며 힘들었고 고생했던 것처럼 이 잔을 만들기 위해 얼마나 많은 흙을 반죽하고 가마에 불을 땠을지 감히 상상조차 할 수가 없다.

많이 부끄러웠다. 목에 들어갔던 힘이 조금 빠졌다. 높아졌던 콧대가 다시 내려온다.

나와 내 짝꿍이 좋아하는 숯불갈비집이 있다. 특별한 날에만 가는 그런 곳인데 여러 개의 밑반찬과 맛있는 고기가 나오는데도 우리 둘이 배불리 먹어야 7~8만원이다. 좋아하는 술집에 가서 맛있는 안주와 술을 한잔 하는데는 5만원, 김치와 깍두기가 맛있는 해장국집에서 밥 한 끼 먹으면 2만원(2인 기준)이다. 그분들의 노고와 비교하면 나는 정말 쉽게 돈을 벌었던 것 같다.

내 작품 가격 10만원. 내 작품을 구매하기 위해 어떤 고생을 하며 10만원을 모았을지 10만원의 무게를 다시 한번 떠올려 본다.

오늘 내가 벌었던 10만원의 가치는 너무도 크다.

겨울의 중심에서 설경을 외치다.

나는 김환기 선생님의 전면점화 작품을 좋아한다. 그의 작품에는 바다에 대한 그리움이 담겨있다.

그는 어린 시절 전라남도 신안군의 작은 섬에서 자랐다고 한다. 막연히 작은 섬에서 자랐을 그의 어린 시절을 떠올려본다.

아침에 일어나 방문을 열면 가장 먼저 바다에서 불어오는 바람이 아침을 깨웠을 것이다. 저 멀리 바다가 보인다. 섬 어느 쪽을 둘러보아도 바다가 보인다. 작은 섬이기에 하루에도 몇 바퀴씩 섬을 돌 수 있었을 것이다. 그렇게 온 섬을 헤집으며 놀아도 사방팔방 어느 곳이든 바다로 막혀 있었다. 어릴 적에는 그것이 싫었으리라, 사방이 바다로 둘러싸여 섬 밖으로 나갈 수 없다는 것이. 그래서 필사적으로 섬을 나가길 원했을 것이다. 나이가 들어 그렇게 원하던 섬을 나오고 세계 여러 나라를 돌아다니며 작업 활동을 하였지만 가장 그리운 것은 어릴 적 자신이 보아왔던 바다였을 것이다. 평생을 타지에서 고향 바다를 그리워했다. 바다가 그리울 때마다 점을 하나씩 찍었다. 그렇게 모인 수천 개의 점들이 그의 마음속에 담겨있는 바다로 그려졌다. 그래서 나는 그의 그림에 바다를 향한 강렬한 그리움이 담겨있다고 생각한다.

이처럼 예술가에게 주변 환경은 가장 중요한 예술적 영감을 주는 원천일 것이다.

나의 첫 번째와 두 번째 개인전의 주제는 설경이었다. 첫 번째 개인전을 준비하던 때 마침 강릉에 2주 동안 쉬지 않고 눈이 내렸다. 사람들은 나의 개인전을 보고 그때 내린 눈을 보고 영감을 얻었다고 생각하기도 하였다. 하지만 내가 설경에 대한 소재를 얻은 것은 그보다 이전이었다.

대학교 4학년 2학기, 졸업전시회가 끝나고 학기의 종강을 앞둔 시점에 이제 막 겨울이 시작하려 하고 있었다. 다른 친구들은 대학교 졸업 후의 거취를 고민하며 하나둘 실기실의 짐들을 정리하였다. 나는 고민 끝에 아직 세상 밖으로 나가기 두려워 대학원 진학을 결정하였다.

대학원 진학을 결정 후 나는 텅 빈 학교에서 마음 편히 작업을 하였다. 학년이 바뀌어 실기실을 옮기듯 나는 내년에도 지금 실기실에서 대학원 실기실로 짐을 옮기면 끝이었다. 정리할 짐도 없고 시간도 남아 마음 편히 학교에서 작업을 하고 있었다.

그때 학교 조교선생님으로부터 연락이 왔다. 스키장에서 사진촬영할 사람을 구하는데 해볼 생각이 있는지 물었다. 그러면서 스키는 마음껏 타게 해준다는 말을 하였다. 다른 어떤 말보다 스키를 마음껏 탈 수 있다는 말에 혹해 스키장에서 일을 하게 되었다. 스키를 타본 적은 없지만 이참에 배워볼 요량이었다.

초반의 스키장의 일은 힘들었다. 개인의 자율성을 중시하는 미대생에게 군대와 비슷한 단체 생활은 정신적으로 힘들게 하였고 아침부터 저녁까지 추운 날씨에 눈을 맞으며 하는 일들은 체력적으로 힘들게 하였다. 하지만 그렇게 힘든 스키장 생활을 버틸 수 있게 해주었던 것은 일과가 끝나고 탈 수 있는 스키였다.

하루 일과가 끝나고 저녁시간에는 선배님들이 스키를 가르쳐 주었다.

산의 경사면을 빠르게 질주하는 스키라는 스포츠는 언제나 사고의 위험을 안고 있기에 배우는 시간 동안은 긴장을 늦출 수 없었지만 함께하는 동기들과 경사면을 내려오는 짜릿함 그리고 하루가 다르게 눈에 띄게 늘어가는 스키 실력에 나는 힘든 줄도 모르고 스키장 생활을 했었다.

그렇게 나는 10/11 , 11/12 , 12/13 이렇게 세 시즌 동안 스키강사로 일을 하게 되었다.

스키장 알바는 보통 11월 말부터 그 다음 해 2월 까지 진행된다. 내가 일했던 스키장은 한낮에도 영하 20도까지 내려가고 밤에는 그보다 훨씬 더 온도가 떨어지는 곳이었다. 처음에는 그 추위가 살 속으로 파고들어 너무나 추워지만 적응이 되고나니 영하 1도만 돼도 너무 더워서 반팔로 다니

곤 했다. 그렇게 나는 겨울의 한가운데에서 그 추위를 온몸으로 느꼈다.

익숙해지고나니 스키장 생활은 여러모로 좋았다. 일을 해서 돈을 벌 수 있어 좋았고 스키를 배우며 마음껏 탈 수 있어 좋았다. 기숙사 생활을 해야 했지만 생활비를 아낄 수 있어 좋았다. 그리고 가장 좋았던 점은 가장 좋은 눈 컨디션에서 스키를 탈 수 있었던 것이다.

스키장에서 사람들이 많이 지나간 곳은 눈이 슬러시처럼 녹아있다. 반대로 사람들이 지나지 않은 곳은 빙상장 같은 얼음이 된다. 이것을 다시 스키 타기에 좋은 눈으로 다져주는 것을 정설이라고 하는데 내가 일했던 곳은 하루에 두 번 아침과 저녁으로 나누어 정설을 했다. 그리고 정설하고 난 뒤의 눈 상태가 가장 좋았다. 바로 그 시간에 바로 스키를 탈 수 있는 것은 스키장에서 생활하는 사람들뿐이었다.

리프트가 운행 시작을 알리고 가장 먼저 산 정상에 오르면 그 공기가 정말 상쾌하다. 이제 막 정설을 끝낸 슬로프는 햇빛을 받아 반짝거린다. 아직 아무도 지나간 적 없는 눈 위를 누구보다 빠르게 내달린다. 그때 느껴지는 짜릿한 상쾌감은 스키장에서 부릴 수 있는 가장 호화로운 순간이다.

그렇게 나는 세 시즌 동안 스키장에서 일하며 겨울을 그 중심에서 맛봤다. 겨울의 한복판에서 겨울을 맛보니 나에게도 다가오는 느낌이 달랐다. 그저 춥게만 느껴졌던 겨울이 다르게 보였다. 눈이 내리는 밤하늘은 생각보다 밝았다. 주황빛 밤하늘에서 내리는 눈을 보면 너무나 아늑했다. 저 멀리 숲 위로 조금씩 쌓이는 눈은 그 어떤 것보다 아름다운 그림이었다. 아늑했던 잿빛 하늘과 아름다운 설경을 담고 싶었다.

그렇게 나는 겨울의 중심에서 설경을 외쳤다.

요리연구가 동쉐프.

♪ ~ ♫

나는 동쉐프, 나는 동쉐프

맛있는걸 좋아하지 동쉐프

화려하게 먹을거야 동쉐프

구수하고 오래묵은 된장

진할수록 담백하지 사골

시원하고 달달한맛 호박

청량하고 매콤하게 고추

마무리는 부드러운 두부

오늘하루 맛이있는 된, 장, 찌, 개 yeh ~ ♪ ~ ♫

예술노가다 팀에서 제작한 월간페이퍼 5호의 주제가 힙합이었다. 그래서 한 사람씩 랩을 지어보기로 했는데 그때 내가 지었던 랩이다.

랩에서 보여지듯 나는 요리하는 것을 좋아한다. 아니 조금 더 정확히 얘기하자면 맛있는 음식을 먹는 것을 좀 더 좋아한다. 나는 식탐이 많아 많이 먹는다. 밖에서 사 먹는 음식은 뭔가 집밥과 다르게 배부른 느낌을 주지 않았고 밖에서는 마음 편히 밥을 먹지 못하는 성격이라, 집에서 마음 편히, 많이 먹기 위해 요리를 시작하였다.

요리라고 해봤자 그리 대단한 것은 아니다. 그저 밥하고 내가 좋아하는 고기반찬과 함께 먹을 국이나 찌개를 끓이는 정도이다. 그래도 한 번에 몇 가지를 함께 하려면 쌀 씻는 것부터 시작해 몇 시간씩 걸리기도 한다.

가끔은 일부러 손이 많이 가는 메뉴를 골라 요리할 때도 있다. 그럴 때는 스트레스가 많이 쌓였다는 것인데 일부로 더욱 복잡한 요리를 하며 스트레스를 푼다. 재료들을 씻고 껍질을 벗기고 적당한 크기로 자른 뒤 지지고 볶다 보면 힘이 들어 아무런 생각이 안 든다. 완성되어가는 요리에서는 맛있는 냄새가 나를 자극한다. 요리를 완성하고 정성껏 차린 한끼 밥상은 나를 행복하게 해준다. 맛있게 밥을 먹으며 오늘 있었던 스트레스를 날려버린다.

내가 스트레스를 푸는 한 가지 방법이다.

남 부럽지 않게 길었던 가방끈.

학력이 높은 사람을 보고 흔히들 '가방끈이 길다' 라는 말을 한다. 나는 학교를 다닌 시간만 놓고 본다면 학력이 높은 사람들 보다 가방끈이 길면 길었지 짧지는 않다.
고등학교 2학년 1학기를 마치고 학교를 자퇴해 그 다음 해 검정고시와 수능시험을 보고 대학교에 갔다. 빠르게 간 것도 느리게 간 것도 아닌 제 나이에 맞게 수능시험을 보았다.
대학교 가는 길은 험난했었다. 나는 미술로 대학을 준비하였기에 수능시험이 끝난 후부터 본격적으로 바빠졌다. 가, 나, 다군으로 나누어 시험이 치러졌는데 가와 나군은 그냥 탈락이었고 다군으로 시험을 본 학교는 13명이 정원인 학과에 후보 10위권이었다. 내가 합격하려면 지금 합격한 13명의 합격생들이 모두 바뀌어야 내가 들어갈 수 있는 등수였기에 나는 일찌감치 포기를 하고 전문대학에 원서를 냈다. 그중 지방에 있는 한 학교에서 합격했다는 연락이 왔다. 합격 통지서를 받고 학교도 보고 자취를 할 원룸방도 구하기 위해 대학이 있는 지방으로 갔다. 학교를 둘러보고 원룸방도 몇 군데 보았다.
마음에 들지 않았다.
TV 프로그램에서 흔히 보았던 캠퍼스 생활과 많이 달랐다. 그저 고등학교 건물이 조금 커진 정도였고 몇 군데 보고 온 원룸도 썩 내키지 않았다. 배부른 소리겠지만 모든 것이 마음에 들지 않았다. 내가 열심히 하지 않은 결과였지만 어머니께 모든 짜증을 냈었다. 그러던 중 다군으로 시험 보았던 학교에서 연락이 왔다. 13명 정원인 학과에 후보 10위권이라 일찌감치 포기했었는데 나에게까지 순번이 왔다. 그때 연락을 받았던 어머니는 내 의견을 묻지도 않고 무조건 등록하겠다고 답했다고 하셨다. 나는 또 짜증을 냈지만 내심 '다행이다' 하는 마음이었다. 나를 달래고 달래 일단 한 번 학교에 가보자는 어머니 말씀에 못 이기는 척 방문한 캠퍼스는 무언가 대학교 같은 느낌이 들어 좋았다. 그날로 학교를 등록하고 자취방을 구하였다. 그렇게 나는 2003년도에 대학교 입학을 하였다.

어렵게 들어온 대학교였지만 나는 잘 적응하지 못하였다. 고등학교를 자퇴하고 학교를 다니지 않으면서 사람 사귀는 방법을 잊어버린 것인지 그 당시 모든 사람들이 무서웠다. 학교 선배들이 무서웠고 동기들도 낯설었다. 좀처럼 학교생활에 적응하지 못하였다.

학교를 빼먹는 날이 점점 늘어났다. 결국 2학기 시작하고 한 달 정도 다니고 학교를 가지 않게 되었다.

그렇게 1학기 학점 1.2 , 2학기 학점 0.9를 받으며 휴학계도 내지 않고 군대에 갔다.

군대 전역 후 앞으로 무엇을 할지 많은 고민을 하였다. 고졸이란 최종학력으로 그럴듯하게 할 수 있는 일이 무엇이 있는지 찾아보았다. 이미 군대에 있을 때 수능을 한 번 다시 봐 보았기에 그 힘든 것을 다신 하고 싶지 않아 재수는 염두에도 두지 않았다. 골프장 캐디 일이 돈을 잘 벌 수 있다기에 소개비는 냈지만 가진 않았다. 그 외에도 이것저것 시도해 보았지만 금세 그만두었다. 그때 즈음 공무원 시험에 사람들이 많이 몰리기 시작하였다. 나도 그때 경찰시험을 준비하였고 시험을 한 번 보았었는데 결국 그 길도 내 길이 아니었다.

그해 겨울, 나는 조용히 내가 다녔던 학교에 다시 갈 수 있는 방법을 알아보았다. 학교에 전화를 걸어 문의를 해보니 일단 지금 나의 상태는 '미등록 재적' 상태였고 이럴 경우 '재입학'이란 방법이 있다고 하셨다. 바로 재입학 신청을 하고 다음 해인 2007년에 새로운 마음으로 새롭게 1학년부터 (예전에 받았던 학점들은 모두 학점포기하였다) 다시 학교를 다녔다. 새롭게 다닌 대학교는 나름 잘 적응하여 큰 문제 없이 학교를 다녔고 2010년 겨울 졸업할 때가 되어 나는 사회에 나갈 준비가 되지 않았다는 핑계로 대학원에 진학하였다. 그렇게 2011년도부터 2013년도까지 대학원에 다녔었다. 약 7년을 연속하여 학교에 다녔다.

학교 안은 따뜻했다. 오랜 시간 다녔기에 누구도 잔소리하는 사람도 없었다. 대학원 실기실은 작업하러 나오는 사람이 없어 내 작업실처럼 사용하였다. 학교에 있는 시간이 길어질수록 사회로 나가기가 두려웠다. 사회는 냉정했고 찬바람이 불었다. 따뜻한 학교를 벗어나고 싶지 않았다. 2014년 드디어 선택의 시간이 왔다.

내가 다닌 대학원 과정은 교육대학원으로 5학기 과정이었다. 5학기 과정을 끝마치고 논문을 핑계로 대학원 작업실에 빌붙어 있었다. 그때 나에게 대학교 조교자리를 제안해 주셨다. 앞서 조교를 거쳐간 선배님들을 보면 조교로 3년까지 근무하시고 그 뒤에는 대학교 수업을 맡아 강사선생님으로 학교에 나오셨다.

나 또한 같을 거라 보장은 없지만 이전과 같다면 앞으로 짧게는 4년 정도의 생활이 보장되는 자리였다. 하지만 그 일을 맡게 되면 내 작업은 전혀 할 시간이 없게 되었다. 조교일이 끝난 뒤 학교 실기실을 작업실로 사용하며 작업하면 된다고들 하였지만 실질적으로 불가능함을 너무도 잘 알고 있었다.

작업이 더 하고 싶었다. 이대로 멈추고 싶지 않았다. 문득 그 누구도 모든 것을 다 갖추고 사회에 나가는 사람은 없을 것이라는 생각이 들었다. 사회에 나갈 준비가 되지 않아 학교를 못 떠나는 것이 아니라 학교를 떠나지 않았기에 사회에 나갈 준비가 되지 않은 것은 아닐까 하는 생각이 들었다.

작업은 못 하지만 4년간의 따뜻한 학교생활인지 자유롭게 작업할 수 있지만 매서운 추위가 기다리는 사회생활인지 선택할 때가 되었다.

학교에 너무 오래 있었다.

이대로 학교에 더 있게 된다면 정말 이곳을 벗어나질 못할 것 같았다. 지금 이 상태 그대로 발전 없이 제자리에 머물러 있을 것 같았다. 안정된 생활은 좋았지만 발전이 없는 것은 싫었다. 조금 더 나의 성장 가능성을 믿어 보기로 하였다. 많은 고민 끝에 나는 익숙한 학교에서 떠나기로 하였다. 내 삶에 변화를 주기로 하였다.

변화는 두렵지만 변화가 있어야 사람은 성장할 수 있다.

학교에 남았으면 지금의 삶과 많이 달랐을 것이다. 경제적으로는 지금보다 안정되었겠지만 삶에 있어 지금과 같은 만족감은 갖지 못하였을 것이다. 그렇기에 나는 그 선택을 한 번도 후회하지 않는다.

용기를 내어 한발 내디뎠기에 그만큼 성장할 수 있었다.

서로 다른 시간의 무게.

내 나이는 이제 삼십 대 중 후반이다. 이만큼 나이를 먹고 나니 사람들의 인생이 꽃 피는 시절이 모두 다르다는 것을 안다.

내가 그리는 그림들도 마찬가지이다. 전시회를 위해 준비하지만 그림이 가장 빛나는 시간은 그 그림마다 다르다. 어떤 그림은 이제 막 완성되었을 때가 가장 빛나고 어떤 그림은 운 좋게도 전시장에서 가장 빛이 난다. 또 어떤 그림은 전시가 모두 끝난 뒤 작업실로 돌아오면 그제서야 빛이 난다. 그러면 굉장히 미안한 마음이 든다. 그저 그림이 저마다 익는 속도가 달랐던 것인데 나는 거기에 맞춰 전시회를 준비해 주지 못했으니 그림에게 미안하다.

전시회가 끝난 후 나는 대부분의 그림들을 벗겨낸다. 정말 마음에 들었던 한두 작품을 제외하고는 모두 벗겨내고 캔버스 틀만 남긴다. 그 틀에는 다음 전시를 위해 새롭게 천을 씌운다. 지난 여섯 번의 개인전을 진행하며 매번 반복되었던 일이다.

전시회가 끝나고 한 쪽에 아무렇게나 쌓아 두었던 작품들을 벗겨내고 새로운 천을 씌우기 위해 하나둘 작품을 들쳐본다. 그중에는 '내가 이런 작품도 했었나' 하는 생각이 들 정도로 전시장에서와는 다른 모습을 보여주는 작품이 있다.

처음에는 그것이 너무나도 신기했었는데 몇 번을 반복하며 이제는 '아~ 너는 이제야 익었구나' 하며 작품에게 미안해진다. 가장 최상의 컨디션으로 전시장에 나갔어야 했는데 이제야 준비된 것도 모르고 준비도 안 된 너를 데리고 서둘러 전시장에 나갔구나. 많이 힘들었을 텐데 미안하다. 하면서 그림을 천천히 감상한다.

내가 아직 작품의 컨디션도 못 알아보는 실력이 없는 화가라 작업실에서 최상의 컨디션을 뽐내는 작품의 감상은 오롯이 내 몫일 때가 많다.

좋다고 웃어야 하는 것인지 잘 모르겠지만 그래도 작품 보는 것은 좋다. 내 작품이지만 가장 빛나고 있을 때는 너무도 아름답다.

그림이 익는 시간은 모두 다르다. 서로 다른 시간의 무게를 가진다.

너무 서두르지도 말고 너무 천천히도 말고 각자가 가진 시간의 속도대로 각자 시간의 무게를 쌓아 간다.

비와 나의 상념의 시간.

나는 하늘에서 내리는 비를 좋아한다.

비 오는 날의 음울한 분위기도 좋고 비를 맞으며 동네를 산책하는 것도 좋다. 하지만 덕은 계를 못 탄다고 했던가 비 내리는 모습을 보고 우산을 챙겨 밖으로 나가면 어느새 비는 그쳐있다. 실망하여 집에 들어오면 또다시 비는 내린다. 어쩔 수 없이 집 안에서 하염없이 내리는 비를 바라본다. 그것도 좋다. 비는 그냥 다 좋다.

예전에 '장마'라는 제목의 그림을 본 적이 있다. 어떤 그림이었는지 그림 자체는 잘 생각이 나질 않는다. 장마라는 제목과 그 제목에 잘 어울리는 분위기를 가졌던 그림이라는 기억이 남아있다. 이처럼 비를 소재로 그림 그리는 것은 꼭 한 번 해보고 싶은 일이다.

새벽에 빗소리에 잠에서 깨 하염없이 내리는 비를 보고 있으면 무언가 떠오를 것 같은데 아직이다. 너무도 좋아하는 소재이기에 허투루 하고 싶지는 않다. 예전에 스키장에서 겨울의 중심을 느꼈던 것처럼 어느 장마철에 그 중심에서 비를 맞으며 장마를 느끼고 싶다.

하루 종일 쏟아지는 비를 맞고 있으면 어떤 기분일지 꼭 한 번 느껴보고 싶다. 아니, 느껴봤었던가.

20대 때 자전거를 타고 강릉에서 부산까지 갔었던 적이 있다. 원래 자전거를 열심히 탔던 것도 아니었지만 여름방학이 시작되고 똑같은 나날을 보내는 무료한 일상에서 벗어나려고 아무 생각 없이 출발한 여행이었다. 짐을 한가득 짊어지고 출발했는데 출발하고 하루 만에 그 많던 짐의 절반은 모두 버렸다. 하루 만에 알게 되었다. 이 짐들 사용할 것 같지가 않다는 것을, 들고 있는 것 자체가 짐이라는 것을 깨닫고 정말 필요한 것들만 남기고 모두 버렸다.

출발한 지 셋째 날 포항을 지나는 길이었다. 그날은 새벽부터 비가 내렸다. 덕분에 나는 하루 종일 비를 맞으며 자전거를 탔다. 그 전날까지는 해가 내리쬐는 여름 날씨였는데 오늘은 비를 맞고 있으니 그저 시원하였다.

옷은 이미 다 젖었고 절반 남은 짐도 모두 젖어가고 있었다. 갈 길은 아직 많이 남았고 자전거를 타는 것은 죽을 맛인데 그래도 비를 맞으니 시원하였다.

자전거를 달리며 비를 맞는 그 순간이 즐거웠다. 미친 사람처럼 활짝 웃으며 자전거를 탔다. 하루 종일 비를 맞았음에도 앞으로 더 비를 맞을 수 있다는 사실이 즐거웠다. 그때 나는 비를 느꼈다.

그때 깊숙이 비를 느꼈던 것처럼 또다시 비를 느끼고 싶다. 비가 오면 나는 산책을 하거나 드라이브를 간다. 그날도 비가 내려 바닷가로 드라이브를 갔다. 바닷가 앞에 차를 세우고 바다 위로 내리는 비를 보았다.

바다 위로 비가 내리다니 무언가 영감이 떠오를 것 같다 생각하며 머리를 쥐어짰지만 영감은 떠오르지 않았다. 그 대신 예전에 보았던 다큐멘터리의 한 장면이 떠올랐다. '쇼 돌고래의 슬픈 진실'이라는 다큐멘터리였는데 돌고래 쇼를 위해 갇혀있던 돌고래를 20년만에 자연으로 돌려보내는 내용이었다.

20년 만에 자연으로 돌아가는 날 하늘에서는 비가 내렸다. 돌고래는 20년 만에 처음으로 하늘에서 내리는 비를 보았다는 내레이션이 흘러나왔다. 그 말에 나도 모르게 눈물이 났다. 돌고래에게는 하늘에서 내리는 비 보다는 다시 찾은 자유가 더욱 큰 의미였을 것이다. 그것을 비를 이야기하며 풀어냈는데 그 순간 비에 담겨있던 20년의 세월의 무게가 너무도 무거웠다. 그 무게를 도무지 내 손끝으로 담아낼 방법이 없었다. 그저 인간이라 죄송했다. 그저 인간이라 너무도 미안했다.

언젠가 내가 비를 소재로 그림을 그리는 날이 올 수도 있을 것이다. 20년 만에 비를 맞았던 돌고래를 생각하며 그 간절함을 떠올리며 비를 맞는다. 나에게는 그저 비가 좋아 산책하며 자유롭게 비를 맞는 것이 누군가에게는 자유를 향한 몸부림일 수도 있다. 아직도 내가 맞는 비에 담긴 무게는 가볍기만 하다. 조금 더 묵직한 비를 맞는 날이 되어야 내가 비를 그릴 수 있지 않을까? 지금 내가 할 수 있는 것은 그저 이 순간 최선을 다해 살아가는 것뿐이었다.

읽기 능력의 부재.

먹고살기 위한 수단으로 사용하기 위해 영상 제작 수업을 들은 적이 있다. 그때 수업을 진행하셨던 선생님께서 이런 말을 하신 적이 있다.

'우리나라 사람들은 다른 능력에 비해 읽기 능력이 부족하다.'라는 말을 했다.

처음에 나는 '응? 무슨 소리지? 한글 못 읽는 사람도 있나? 우리나라의 문맹률은 1%도 안 되는 것으로 알고 있는데 선생님이 무언가 착각하신 것 같은데' 하는 표정으로 선생님을 쳐다보았다. 선생님은 그런 반응이 익숙하다는 듯 단순히 소리 내어 글자를 읽는 것이 아니라 그 속에 담긴 의미를 읽어내지 못한다는 뜻이라고 설명하셨다. 이 책을 쓰기 위해 자료를 검색해 보니 그것을 뜻하는 단어로 '문해력'이라는 말을 쓴다고 한다.

선생님은 이어서 글에 담긴 의미를 못 읽어내듯 영화 속에서도 마찬가지라며 수업을 이어 나가셨다. 영화의 영상 안에 담긴 모든 인물, 장소, 소품들에는 감독의 의도가 담겨 있는데 우리는 그것을 열 가지 중에 한 가지도 제대로 읽어내지 못한다며 읽기 능력을 키워야 한다고 했었다.

그때는 선생님의 말씀에 '맞아. 그런 것 같아.'라고 동의하면서도 '그래도 열 가지 중에 네다섯 가지는 읽어내지 않을까' 하며 자만했었다.

예전엔 그렇게 자만했었는데 지금은 선생님의 그 말이 사실이었다.

짝꿍과 함께 영화를 보고 나면 정말이지 말이 통하지 않는다. 같은 영화를 보고 똑같이 나왔는데도 '그런 장면이 있었어?' 하고 내가 되물을 정도로 짝꿍은 세세하게 장면을 기억한다. 반대로 나는 방금 보았던 영화가 맞나 싶을 정도로 잘 기억을 못 한다. 그저 그 부분의 액션이 좋았는데, 그때 건물 부서지는 장면은 정말 리얼했어 정도의 감상평 밖에 못하는 나와는 다르게 짝꿍은 한 장면 한 장면 세세하게 기억하면서 어떤 장면에서 누구와 누구가 나왔고 주인공이 쳐다보는 시선이 누구를 향해 있었는지 주인공이 건넨 그 소품에 담긴 의미는 어떤 의미였는지 그 장면을 자세하게 이야기한다.

처음에는 나와 짝꿍의 차이가 기억력의 차이라고 생각했다.

나는 잘 기억 못 하지만 짝꿍은 기억력이 좋아 잘 기억하는 것이라 생각했는데 알고 보니 기억력의 차이가 아니라 읽기 능력의 차이였다.

짝꿍과 내가 똑같은 장면을 보고 그 안에서 읽어내는 정보가 달랐다. 나는 읽어낼 수 있는 정보가 별로 없어 영화 속 장면이 크게 와닿지 않는다. 정보가 없기에 내용이 없다 생각하고 중요치 않게 여기며 쉽게 넘어가 버린다. 반면 짝꿍은 그 장면 안에서 나보다 몇 배의 정보를 읽어 낸다. 그 정보들이 앞의 상황, 뒤의 상황들과 연결이 되니 한 장면도 중요하지 않은 장면이 없는 것이다. 많은 내용들을 파악하다 보니 나보다 훨씬 더 많이 그리고 자세하게 장면들을 기억하고 있는 것이었다.

책을 읽을 때도 마찬가지였다. 나는 한 번 읽었던 책의 내용을 거의 기억하지 못한다. 분명 읽긴 읽었는데 무슨 내용이었는지 모르는가 하면 책을 절반 이상 읽고 나서야 예전에 읽었던 책이구나 하고 깨달은 적도 있다. 그만큼 책 안에서도 읽어 내는 정보가 거의 없다 보니 기억할 수 있는 내용도 없었으리라.

나의 읽기 능력은 왜 그 모양인지 모르겠다. 어떻게 해야 읽기 능력을 키울 수 있는지도 모르겠다.

그저 짝꿍이 신기하고 참 부럽다. 하지만 가끔 안타까울 때도 있다.

짝꿍의 읽기 능력으로 자세하게 읽어낸 정보들 때문에 짝꿍은 꿈을 굉장히 리얼하게 꾼다고 한다. 영화를 보고 나면 꿈속에서 주인공과 함께 영화 속 세상을 모험하느라 기운을 쏙 빼곤 한다. 그것이 악몽이라면 더욱더 힘들어한다. 그 모습을 보면 안쓰럽다.

짝꿍의 이런 읽기 능력과 비슷한 능력이 나에게도 있다. 바로 '눈치'이다.

나는 눈치가 좋은 편이다. 스스로 생각하기에 눈치가 너무 좋아 밖에서는 오히려 눈치 없는 척 아무것도 모르는 척을 한다. 눈치 있는 나에게는 모든 것들이 해야 할 일들로 다가온다. 해야 할 일들이 보이는데 그것을 모르는 척하는 것은 여간 힘든 것이 아니다. 읽기 능력이든 눈치든 모든 것에는 장단점이 있다.

"큰 힘에는 큰 책임이 따른다"

내가 일본음악을 듣는 이유.

나는 중학교 때 처음 일본음악을 듣기 시작했다. 그때는 저작권에 대한 인식이 지금과 같지 않아서 암암리에 유통되는 일본음악 CD를 구입하여 처음으로 일본음악을 접했다.

그때는 일본음악이 좋아서라기보다는 남들과 달라서 일본음악을 들었던 것 같다. 다른 친구들이 한국음악을 들을 때 '난 너희와 달라'라고 속으로 생각하며 일본음악을 들었다. 소위 말하는 중2병의 시기였던 것 같다.

PC 통신의 시대가 열리고 MP3가 나오기 시작하며 인터넷으로 모든 음악의 음원을 구할 수 있었던 시기가 있었다. 그때 나는 엄청 많은 일본가수들을 접하게 되었다. 한 번에 너무 많은 정보를 접해서 였을까 그때 접했던 너무 많은 정보들을 다 처리하지 못하고 일본음악에 조금 질렸던 것 같다.

그 뒤로는 예전처럼 음악을 많이 듣지는 않았다. 그저 평범하게 벚꽃엔딩을 따라 부르며 적당히 음악을 들었다.

그러다 최근에 짝꿍의 영향으로 일본음악을 듣게 되었다. 호시노 겐이라는 가수를 알게 되었고 그가 연주하는 통통 튀는 듯한 멜로디가 좋았다. 그를 시작으로 음원사이트에서 추천해 주는 일본음악을 들으며 집안일도 하고 그림도 그렸다.

한국음악을 아예 안 듣는 것은 아니지만 다른 일을 하면서 듣는 노래로는 일본음악을 선호하였다. 문득 왜 그럴까 곰곰이 생각해 보았다.

일본음악은 당연한 얘기지만 일본어로 노래를 한다. 아쉽게도 난 그 일본어를 알아듣지 못한다. 그래서 일본음악을 들으면 가사보다는 멜로디가 들린다. 그 멜로디를 흥얼거리고 리듬을 즐길 수 있다. 하지만 한국음악은 듣다 보면 가끔 멜로디 보다 가사가 먼저 들릴 때가 있다. 그렇게 되면 가사의 의미를 먼저 떠올리게 된다. 가사의 의미가 내가 지향하는 삶의 가치와 다르다면 그 노래는 잘 듣지 않게 된다. 순수하게 멜로디를 즐길 수가 없는 것이다.

미술도 마찬가지가 아닐까?

나는 주로 추상작품을 한다. 한국음악을 들었을 때 멜로디보다 가사의 의미가 먼저 전달되었듯 구상작품을 하게 되면 나 스스로 점점 그 형태에 사로잡히게 된다. 그런 현상은 타인의 작품을 관람할 때 더 심하게 나타난다.

그림의 주제가 되는 사물의 형태가 사실과 다르네 어쩌네 하며 그림이 하고자 하는 이야기를 파악하기보다 형태가 틀렸는지 맞았는지 따져보고 있다.

나는 그림을 잘 못 그린다. 입시미술을 할 때 내가 그린 석고상의 형태는 항상 일그러져 있었다. 어딘가 맞지 않아 사실과는 다르게 보인 것이다. 입시 때는 형태를 틀리지 않게 그리는 것이 중요하다. 형태를 틀리지 않는 그림이 잘 그린 그림이었다.

하지만 대학교에서 배운 그림들은 형태가 맞지 않는 그림들이 훨씬 많았다.

그놈의 형태가 뭔지, 형태가 틀려도 되는 이유를 찾기 위해 많은 고민과 방황을 했다. 쓸데없는 고민이고 쓸데없는 집착이었다. 그저 내가 하고 싶은 것을 하면 되는 것이었다. 그것을 고민할 시간에 내가 하고 싶은 이야기를 한 번 더 하면 되는 것이었다.

이 이야기가 왜 이 길로 왔는지 모르겠다. 분명 처음 시작은 다른 의도였는데, 그래도 이 말이 더 중요한 것 같아 이 말을 꼭 하고 싶다.

"무언가를 좋아한다면 좋아하는 이유를 찾으려 애쓰기 보다 직접 좋아한다고 한 번 더 이야기하는 것이 그것을 좋아하는 이유가 되지 않을까."

무슨 말인지 모르겠다. 깊게 생각하지 말자.

이 이상의 흑역사를 만들 것인가?

이번 책을 준비하며 나의 첫 번째 책인 '개인전을 열다'를 다시 읽었다.

그때 어떤 이야기들을 내가 책에 담았는지 기억이 나지 않아 다시 읽어보았는데 후루룩 읽고 얼른 책을 덮었다.

너무나 창피했기 때문이다.

내가 글을 이렇게 밖에 못 썼던가, 꽤나 잘 썼다고 생각했던 글이었는데 지금 다시 보니 너무도 유치하고 생각이 짧은 어린아이의 글 같았다. 이런 책을 잘도 4,000원씩이나 받고 팔고 있었구나 '이 사기꾼 같은 놈' 하며 그때의 나를 비웃었는데 다시 한번 생각해 보니 이번에 만드는 '참, 많이 헤매서 다행이다.'를 읽고 비웃을 몇 년 뒤의 내 모습이 보이는 듯해 얄미웠다. 그래서 이 책을 읽고 비웃고 있을 몇 년 뒤의 나에게 내가 왜 책을 쓰는지 항변 아닌 항변을 해본다.

나는 지금까지 총 여섯 번의 개인전을 했다. 지난 전시들을 떠올려 보면 많이 부끄럽다. 왜 그것밖에 못했을까 하는 생각이 든다. 하지만 그렇다고 완벽해질 때만을 기다리며 시도조차 안 할 수는 없다. 많은 사람들이 어떤 일을 시작하고 많이 포기하는 이유가 그 과정에서 자신의 민낯을 만나기 때문이다.

나 또한 나의 민낯을 만난다. 어떤 작품을 하던 매 순간 나 자신과 만난다. 타인에게 보이고 싶지 않은 숨기고 싶은 부끄러운 모습들을 매 순간 만난다.

실력이 없는 내 모습, 게으른 내 모습 등 타인에게는 잘 감추고 살았던 나의 본 모습이 작품 안에서 여실히 드러난다. 그런 모습을 보는 것이 괴로워 중간에 포기하게 만든다. 어릴 적 많은 분들이 들어보았을 '똑똑하지만 노력하지 않는 아이'는 똑똑하니까 노력만 하면 언제든 할 수 있다는 이미지인데 실제 노력해 보면 알게 된다. 나는 똑똑하지도 않고 노력도 하지 않는 아이라는 것을 그렇기에 포기하면 더 이상 그런 모습을 보지 않아도 되기 때문이다. 나는 그냥 '똑똑하지만 노력은 하지 않는 아이'로 남을 수 있는 것이다.

하지만 그렇게 해서는 아무런 발전이 없게 된다. 민낯의 자기 자신을 보는 것이 아무리 괴로워도 그것을 인정하고 받아들여야 한다. 처음부터 욕심내지 말고 지금의 내가 할 수 있을 만큼만 목표로 정하고 시작하자. 그리고 시작했다면 그것이 아무리 어설퍼도 마무리는 짓자. 그러면 그것이 내가 만든 하나의 계단이 된다. 그렇게 여러 번 시도를 하고 나면 그것들이 하나하나 계단이 되어 내가 오를 수 있는 길을 만들어 준다.

글과 그림도 마찬가지다.

한편의 글이, 하나의 그림이 지금 나의 실력을 확인시켜준다. 실력이 없음을 한탄하며 내 작품들의 단점이 보인다. 그것을 보는 것이 자신의 민낯을 보는 듯하여 부끄럽고 괴롭게지만 직접 눈으로 확인해야 느낄 수 있다. 머릿속으로 상상만 해서는 절대 알 수가 없다.

자신의 실력을 확인하고 난 뒤 다음번 작품에서는 이전보다는 확실히 성장했음을 알 수 있다.

흑역사로 남게 될 작품들을 보는 것은 두렵고 창피하지만 가장 창피한 일은 몇 년 뒤에도 발전 없이 제자리에 있을 나의 모습이다.

이 글을 보고 비웃고 있을 미래의 나에게

"네가 이 글을 보고 비웃을 수 있는 것은 지금의 내가 최선을 다해 이 글을 썼기 때문에 지금의 너로 성장했다는 것을 꼭 알아주길 바란다."

끝.

참,

많이

헤매서

다행이다.

초판 1쇄 발행 2021년 12월 20일

지은이	김동길
인스타그램	@donggil1984
이메일	donggil1984@naver.com
홈페이지	www.eastcollection.kr
펴낸곳	물고기이발관
ISBN	979-11-89323-03-5

· 이 책은 강원도, 강원문화재단 후원으로 발간되었습니다.
· 이 책은 저작권법으로 보호받는 저작물이므로 무단 전재와 무단 복제를 금합니다.
· 파본은 홈페이지나 이메일로 연락해 주시면 교환해드립니다.

책값 9,000원